中國現代文學
名家傳記叢書

徐國源著

寂寞的烏篷船——周作人

陳信元
張堂錡 策劃

文史哲出版社印行

國家圖書館出版品預行編目資料

寂寞的烏篷船：周作人 / 徐國源著. -- 初版. --
臺北市 :文史哲, 民 90
面: 公分. -- (中國現代文學名家傳記叢書；6)
ISBN 957-549-381-6(平裝)

1. 周作人 - 傳記 2.中國文學 - 傳記

782.886 90014018

中國現代文學名家傳記叢書 ⑥

陳信元・張堂錡策劃

寂寞的烏篷船：周作人

著　者：徐　國　源
出版者：文　史　哲　出　版　社
登記證字號：行政院新聞局版臺業字五三三七號
發行人：彭　正　雄
發行所：文　史　哲　出　版　社
印刷者：文　史　哲　出　版　社
臺北市羅斯福路一段七十二巷四號
郵政劃撥帳號：一六一八〇一七五
電話 886-2-23511028・傳真 886-2-23965656

實價新臺幣二五〇元

中華民國九十年九月初版

ISBN 957-549-381-6

書系緣起

陳信元
張堂錡

法國詩人兼批評家聖伯甫（Sainte Beuve，1803-1860）曾說：「在批評學上，我覺得使人讀之生快感而增見聞的，最好是替偉大的作家生動而詳實的傳記。……鑽入作家的身心、懷抱，用各種方式使其活動，並觀察他的時代、習慣及生活，這樣，才算得上是個真正的批評家。」也就是說，一個批評家如果不能進入作家的心靈世界，與作家進行一種心領神會的交流，感知其情意，認知其思想，同時對其所處時代、社會、環境種種有深刻的理解，則很難能對作品有剖析精闢的評論。因此，要理解作品，應該先了解作家，而文學傳記正是我們理解作家的重要門徑之一。一部傑出的傳記，理應是融合了作家論、作品論、歷史論、鑑賞論、批評論、創作論等多種功能、技巧或條件於一身的產物。

一個優秀的傳記文學作家，應該是傳主的真正知己，能把傳主的整個人格呈現出來；一部優秀的傳記文學作品，除了文字引人入勝外，更要使傳記中人栩栩如生，散發出動人的力量，透射出豐富的智慧。這除了要靠資料搜羅求其完備的真實性講究之外，善於運用文學技巧進行剪裁、安排、刻劃的藝術性追求，也是不可或缺的基本條件。如果能找到許多位優秀的傳記文學作家，寫出一部部兼具可讀性、史料性、藝術性的傳記文學作品，我們相信對文學研究的深化、作品的廣為流傳，甚至於創作經驗的傳承、熱情的點燃，都將會是極具正面性的嘗試與貢獻。

這是我們的心願，也是我們長期關懷文學發展的理想追求。如今，這個心願與理想，透過《中國現代文學名家傳記叢書》的企劃推出，得到了彌足珍貴的落實。說「彌足珍貴」是真的，學術作品的出版一向不受主流市場的青睞，作家傳記雖然已較通俗可讀，但和那些政治人物、影劇明星內幕八卦的「傳記」轟動上市、旋即再版的「盛況」相比，文學作家傳記確實是有些寂寞，何況相關作家的傳記在市面上已有許多不同版本在流傳，我們能推出這套叢書，若不是文史哲出版社社長彭正雄先生不計成本的支持，以及對這套叢書的內容品質，撰稿群的學養功力深具信心，這個心願是很難達成的。

打開中國現代文學史，魯迅、巴金、郁達夫、曹禺、冰心、朱自清、錢鍾書、林語堂等一連串的名家，他們的人生際遇、生命抉擇、生活型態、創作追求，構築起一座座豐盈、迷人的心靈園林，讓後人流連；他們在時代變動中所發出的光與熱、情與意，也同樣令後人仰望、懷想。他們以自己的生命、作品、藝術理想，為逝去的二十世紀刻鏤下最深刻、也最華麗的印記。他們的傳記，既是二十世紀文學史的縮影，也是現代中國知識分子心路歷程的曲折呈現。認識這些作家，不僅認識了文學，也認識了現代中國，認識了自己。

這些現代文學名家的傳記，在撰稿者秉持設身處地、還原情境、正視後果、多面探掘等原則，並採宏觀與微觀兼具、大歷史與小歷史並重的寫作態度，篇幅不求其厚長，內容卻力求其豐實生動，人物刻劃力求其準確有度的要求下，如今已呈現在讀者的面前。我們澆灌現代文學園圃的用心深意，看來已有了纍纍碩實的成果。

值此世紀回眸之際，我們祈盼新世紀的作家身影不再寂寞，文學可以迎回另一個世紀的璀璨風華。從這個角度看，這套叢書，既是回顧，也是前瞻；既是總結，也是一個好的開始了。

感謝所有的撰稿者，以及為這套書奉獻過心力的朋友。

二〇〇一年元月序於臺北

寂寞的烏篷船——周作人

寂寞的烏篷船——周作人　目次

第一章　在徘徊中追求

一、老和尚轉世

光緒甲申十二月初一，也就是一八八五年一月十六日，我國五四新文化運動最有影響的代表人物之一、著名學者、作家，後又墮落爲漢奸文人的周作人，誕生在紹興東昌坊口新台門周家。

紹興，位於中國的東南沿海，地處錢塘江口和杭州灣的南岸，寧（波）紹（興）平原的西部，屬於美麗富饒的浙北平原的一部分。這裡風光秀麗，景色宜人，而且有極其燦爛、悠久的歷史文化。我國宋代愛國詩人陸游、明代大書畫家徐渭、清末女革命家秋瑾，都在紹興留下了不少遺跡。在周作人出身前四年，中國現代文學史上的另一位偉大作家、他的大哥魯迅（周樹人），也誕生在紹興古城。

伴隨著第二個嬰兒的呱呱落地，有一個浪漫、神奇的傳說，悄悄在周家議論開了：一位堂房的阿叔那天出去夜遊，夜半歸來，走進內堂大門，依稀看見一個老和尚站在那裡，一轉眼又不見了。後半夜，周家門內就生了一個嬰兒，而且是個男孩！於是一些迷信的老人便說，「老和尚轉世，不是『頭世人』。這孩子命中注定，比那些頭回做人什麼也不懂的，要深諳人情世故，有出息。」

也許這純粹是子虛烏有的事情，但「老和尚」的形象卻深深印在了周家的腦海裡，也同樣給周作人留下了許多幻想。五十年以後，他在寫「自壽詩」時，首聯就寫下了「前世出家今在家，不將袍子換袈裟」兩句，可見這個傳說對他是有深刻影響的。

外祖父給剛滿月的外甥取名「櫆壽」，但幼時的周作人似乎並無壽相，倒是時常生病，長得十分瘦弱。生下他以後，母親魯瑞身體不好，奶水不足，只得請一位奶媽來餵養。沒想到，請來的奶媽也沒有什麼奶水，不夠小孩吃，魯瑞只好私下買些糕點給他充飢。斷奶以後，周作人瘦得可憐，但很貪吃，見什麼都要吃，好像吃不飽似的。有些老人說：這是饞癆病，得慢慢調養，忌吃葷腥、零食，每餐只能吃半飽。可是這樣一來，他更饞、更瘦了。襁褓中的周作人，可以說是在多災多難中長大的。

周作人稍稍懂事以後就開始注意到，居住在大台門內的每個家族成員，晚上外出點的大燈籠，上面都寫著三個大字「汝南周」，在燭光的映照下顯得分外醒目。它所喚起的，是有關周氏古老家族的懷想和回憶……

據周作人祖父周福清會試履歷，始祖「元公，宋封汝南伯，元封道國公，學者稱濂溪先生，從祀文廟」。由此可見，燈籠上的「汝南」指的是宋代理學大師，以「出污泥而不染」的《愛蓮說》而名垂千古的周敦頤的爵位。但這種「高攀」畢竟太遙遠了，周家自己也有些懷疑，所以周福清在給魯迅、周作人兩個孫子的「恒訓」中，關於家史只作了如下表述：周家原籍湖南道州，始祖周逸齋於明代正德年間徙居到紹興園橋，七世祖周樂庵於清代乾隆十九年才開始定居在覆盆橋老台門。周氏在湖南時，據說是務農的，到後來漸趨富有，到了六始祖周韞山考中舉人後，一越而進入士大夫階層。不過，到周作人父親這一代時，周氏家族已經開始敗落下來了。

周作人三歲時染上了天花，隨即又傳染給他不滿周歲的妹妹端姑。兩個孩子同時出天花，母親魯瑞實在照顧不過來，就把周作人托付給娘娘（祖母）幫助照料。娘娘帶孩子既細心，又寵愛，周作人的病很快就痊癒了。許多年以後，周作人還能記起這位給他無窮憐愛、並身受苦難的祖母形象：

她的瘦長的虔敬的臉上絲絲刻著苦痛的痕跡，從祖父怒罵的話裡又令我想見她前半生的不幸，我心目中的女人一生的運命便是這祖母悲痛而平常的影像。

我的祖母在有妾的專制家庭中，自有其別的苦境。那種苦忍守禮，如不坐石條、不飲龍眼湯的事，正是常有。至於生平不見笑容，更是不佞所親知灼見者也。①

周作人雖然幼小，但從祖母的「苦忍守禮」裡，已經能夠領略到封建禮教抑制人的本性之殘酷，也第一次喚起了他對於婦女命運的關注和同情。

周作人就生活在這樣一個大家族裡，感受著故鄉紹興風平浪靜、卻又充塞著由科舉、鴉片、養妾、還有纏足構成的小氣候。他出身那年恰逢光緒甲申季冬之立春以前，周作人後來回憶說：「甲申這一年在中國史上不是一個好的年頭兒，整三百年前流寇進北京、崇禎皇帝縊死於煤山。六十年前有馬江之役，事情雖然沒有怎麼鬧大，但是前有咸豐庚申之火燒圓明園，後有光緒庚子之聯軍入京，四十年間四五次的外患，差不多甲申居於中間。」②在周作人出身那年，中法戰爭以中國簽訂屈辱條約爲結束。這確實是一個內外交困的時代，整個國家、民族正走著歷史的下坡路，統治中國數千年的封建制度處於整體崩潰的前夕。

在古老的紹興城，周作人與他的哥哥魯迅一樣，看到的是一幅中國封建社會和傳統文化的沒落的「黃昏」圖景。

二、遊樂的童年

魯迅、周作人這一代出世時，周氏家族已經像《紅樓夢》裡的賈府那樣，外表上「轟轟烈烈」，內裡「不過也是個空架子」了。不過，俗話說「瘦死的駱駝比馬大」，周作人的童年依然可以過著「小康之家」的生活。他後來回憶說：「我覺得很是運氣的是，在故鄉過了我的童年時代。本來已是破落大家，本家的景況都不太好，不過故舊的鄉風還是存在，逢時逢節的行事仍舊不少，這給我留下一個很深的印象。」③

周作人的童年歲月，是在紹興東昌坊口的街市中度過的。

東昌坊口並不是紹興的鬧市，但清朝末年，這裡的小店鋪倒不少。當地人曾自誇：「天上天下，不如塔子橋下。」據一些資料記載，舊時東昌坊口的店鋪大致是這樣分布的：西北角是麻花攤，旁邊是五媽媽的豆腐店。西南面是泰山堂藥房，邊上是豬頭肉念八的肉店。東南角開設的是謝德興酒店，它的東鄰是高全盛油燭店和申屠泉的住宅。在小船埠頭之東，是傅澄記米店、咸亨酒店，還有某棧房、屠正泰雜貨店和錫箔鋪子，再望東朝南過小橋，就是三味書屋。再往東，便是周作人的故居新台門了。東昌坊口最熱鬧的時候是演戲，戲班子有高調班、亂彈班，戲台就搭在近河埠的空地上，正面對著扎肉店，幼年魯迅和周作人就常常坐在店門口看戲。

對於年幼的周作人來說，東昌坊口就是一個世界——一個散發著濃烈市民文化和民間文化氣息的精神家園。他說：「我從小就是十字街頭的人，吸盡了街頭的空氣，所差者只沒有在相公殿裡宿過夜。因此，我雖不能稱爲道地的『街之子』，但總是與街有緣，並不是非戴上耳朵套不能出門的人物。我之所以喜歡多事，缺少紳士態度，大抵即由於此，從前祖父也罵我這是下賤之相。」④這裡所謂「街頭的空氣」，就是指台門外那種熱鬧、喧嚷、充滿活力的街頭風景。

當然，「好玩」的不只是「十字街頭」。對於極有想像天分的孩子來說，即使是最尋常的一件物品，也可以創造出多姿多彩的遊樂活動。呆在家裡的時候，因有一個同樣極富有趣味的哥哥——魯迅，兩個人的世界也是那樣豐富、活潑。這時候，周作人和比他大四歲（按農曆計算只大三歲）的哥哥最熱衷於模仿大人的動作，並把這些動作戲劇化。在周家朝北的套房裡，西向擺著一張小床，這張小床曾經是他們兄弟玩耍的地方。有一回，周作人和魯迅在床上來回行走，演出了兄弟失散，沿路尋找的情形，他們叫著「大哥呀，賢弟呀」，直到叫得很淒苦了，這才停止。在故居的桂花明堂裡，魯迅又與弟弟一起扮演了一齣童話劇，劇情大致爲：「大頭」被想像成作惡的巨人，帶領一群山羊占領了岩穴，經常騷擾別人；「小頭」和聳肩的兩個朋友便用法術去征服它。小頭從石窖縫裡伸出頭去窺探它的動靜，聳肩的等它出來，只用肩一夾，就把它裝在肩窩裡捉了出來……這似乎類似於情景劇，兩人演得特別愉快。周作人和魯迅演「大頭戲」，大概是他們最早從事藝術活動的記錄了。

隨著年齡的增大，周作人和魯迅很快發現，在他們新台門後園裡，還有一個可以捉迷藏、捕蝴蝶，有著大自然無窮樂趣的兒童樂園。這裡，便是魯迅後來曾深情描寫過的百草園——

不必說碧綠的菜畦，光滑的石井欄，高大的皂莢樹，紫紅的桑椹；也不必說鳴蟬在樹葉裡長吟，肥胖的黃蜂伏在菜花上，輕捷的叫天子（雲雀）忽然從草間直竄向雲霄裡去了，單是周圍的短短泥墻根一帶，就有無限趣味，油蛉在這裡低唱，蟋蟀們在這裡彈琴。……何首烏根藤和木蓮藤纏絡著，木蓮有蓮房一般的果實，何首烏是有像人形的，吃了便可以成仙，我於是常常拔它起來，牽連不斷地拔起來，也曾因此弄壞了泥墻，卻從來沒有見有過一塊根像人樣。⑤

在百草園，周作人和魯迅都感受到了自然的無窮興味，不知不覺中也喚醒了他們的審美感覺。在這個世界，他們處處都有新鮮的「發現」，而這種發現實際上構成了詩和文學的最初因素。

紹興有一句俗話：「大人忙種田，小孩忙過年」，確實，故鄉的四時八節對於孩子來說，是十分具有誘惑力的。中國的每一個節日，都與天氣、季候的變換聯繫在一起，於是清明上墳、立夏稱人、端午吃粽子、中秋吃月餅、重陽登高、歲末忙過年等，成了孩子們最嚮往的日子。周作人的外婆家在紹興鄉下的安橋頭，有些節日是跟表兄、表妹一起過的，這樣，走出深宅大院過鄉村生活，又給幼時的城裡小孩平添了不少樂趣，也使他們豐富了見聞，增長了知識。

幼年時代的周作人，既從傳統節日的鄉風市俗裡體驗到生活情趣，又從對大自然的直接觀察中，感受到生命的勃勃生機，這對周作人一生的發展都是相當重要的。回想這一段充滿節慶意味的童年生活時，他後來說道：「對於鬼神與人的接待，節候之變換，風物之欣賞，人事與自然各方面之了解，都由此得到啓示。我想假如那十年間關在教室裡正式的上課，學問大概可以比現在多一點吧，然而這些了解恐怕要減少不少了。這一部分知識，在鄉間花了很大的工夫學習來的，至今還是於我很有用處。」⑥事實上，周作人後來創作的大量散文作品，都與其早年生活有直接的關聯，可見童年的生活、多彩的遊樂和見聞，構成了他一個個具有聲、色、香、味之美的親切回憶。

由於周作人從小體弱多病，周家對他便不免多了一份憐愛之心，事事對他放鬆要求。比如讀書，魯迅讀書時，他父親伯宜公經常檢查他的學習情況，而對老二周作人，就不作嚴格要求。幼年時代的周作人讀書生活，基本上是在半玩半讀中度過，而且都得到了老大魯迅的引導照顧。他後來回憶：「我自己是哪一年起讀書的，已經記不清了，只記得從過的先生都是本家，最早的一位外號叫花塍，是老秀才，他是吸鴉片煙的；第二個號子京，做的怪文章；第三個是以殺盡革命黨為職志的言行暴厲的人，但是從這三位先生我都沒有學到什麼東西。到了十一歲（即一八九五年）時，往三味書屋去附讀，那才是正式讀書的起頭。」⑦

然而，由於起之於家庭的一場變故已經開始，三味書屋終於擺不下一張平靜的書桌。周作人遊樂的童年過早地結束了……

三、從「小康」到「困頓」

與魯迅一樣，一場發生在家庭之中的風波，不可避免地給周作人的敏感心靈留下了永遠抹不掉的重重陰影。

一八九三年的十月寒秋季節，九歲的周作人正躲在廳房裡與鳳升叔一起讀書，先生是義房廣藩公公的兒子伯文叔。突然台門外傳來異乎尋常的喧鬧聲，周作人與伯文叔聞聲趕出去，只見兩個衙役高聲喊著：「捉拿犯官周福清！」徑直闖進了周家。

事情還得從頭說起——

一八九三年二月十六日（農曆除夕），周作人的曾祖母戴老太太以七十九歲的高齡病逝，其時，周作人的祖父周福清正在北京任內閣中書。在封建時代，父母去世，做官的兒子須立即回家料理喪事，還得在家服喪三年，稱為「丁憂」。所以接到噩耗，周福清很快便攜帶姨太太潘氏和少子鳳升回到紹興老家。

戴老太太的「百日」過後，周福清打算外出遊玩，碰巧這年秋天浙江舉行鄉試，主考官殷如璋是他的同科進士。時有紹興五家親友，都有應試子弟，他們就湊集了一萬兩洋銀，懇求周福清去賄賂主考，賺取舉人。周福清躊躇一番後，答應下來，給主考官殷如璋寫了一封親筆信，信中除寫明應試子弟外，還加上了「小兒第八」(即周作人父親周伯宜)，並附上錢票一萬兩，派隨帶聽差陶阿順經辦此事。七月二十七日，殷如璋官船抵達蘇州，停泊在閶門碼頭，陶阿順去船上呈遞信函。剛好副主考周錫恩在殷如璋船上敘談，殷接信後並不拆閱，只將信擱在茶几上，繼續與周談話。陶阿順等急了，忍不住嚷了起來：「信裡有萬兩銀票，怎麼不給一張回條？」於是事情就鬧大了。殷如璋為避嫌疑，將信讓周錫恩啓閱。周閱後，當即下令逮捕陶阿順，殷見事情已洩露，也拍案大怒，提出嚴究下書者，以示清白……

這猶如晴天霹靂，把全家人都震呆了。年近九歲的周作人當然還弄不清這是怎麼一回事，只是從大人驚慌的臉色中隱約感到家裡出了大事。當天晚上，他就和大哥一起被送到皇甫庄外婆家，年底又隨大舅父怡堂一家遷居小皋埠的娛園，開始了一段「避難」生活。

這一次避難，差不多有一年時間，對於這時已經十三歲，並且是周家長孫的魯迅來說，這是一段很不愉快的經歷，也使他由此睜開慧眼，清醒認識社會與人生本來面目。但在年幼的周作人的記憶裡，在皇甫庄的避難生活卻是頗爲愉快的。這裡，不僅有孩子的遊樂天地「娛園」，而且有一大群遊玩的伙伴，如大舅家的佩紳表哥、珠表姐，小舅家的琴表姐、意表姐、林表妹和昭表妹。況且鄉下獨特的居住環境，也是那樣與自家的不同、感到新鮮：「這是在一間寬而空的閣樓上，一張大眠床裡，此外有一個朱紅漆的皮製方枕頭，最特別的是上邊鏤空有一個窟窿，可以安放一隻耳朵進去，當時覺得很有趣，這事所以至今還是記得。」⑧在外婆家的日子裡，已經懂事的魯迅總是以畫《蕩寇志》的插畫，作爲自己打發孤獨、寂寞的消遣，而周作人卻繼續做著他的「薔薇色的夢」——逃難對一個孩子來說，確實只是一次愉快的旅行。

在外婆家避難，大約不到一年，周作人就帶著奇光十色的鄉下見聞回到了新台門內。魯迅一回來，就到三味書屋上學去了。不久，周作人也開始了他的讀書生活。

像中國舊時代所有讀書人一樣，周作人接受的私塾教育也是從「四書五經」開始的。他讀的第一本經書是「上中」，即《中庸》的上半本，而中國正統文化中對周作人影響最深的也正是中庸之道。到十三歲那年，周作人已經讀完了《論語》、《孟子》、《詩經》、《易經》和《書經》的一部分，但實際上眞正讀懂、領會的卻不多，至於禮教的精義尤其茫然。

據周作人母親回憶，周作人小時候很貪玩，讀書不是很用功，但也有他的長處：「老二（指周作人）很愛整齊，他的抽屜，總是整理得整整齊齊，他包的東西，棱角分明，捆紮細致。他的性格和順，遇事很好商量，對人謙和。譬如，老大進三味書屋讀書時，是給他買了一張有兩個抽屜的書桌的，當時在三味書屋讀書的學生，都是用這種書桌的。而老二進三味書屋時，因爲家用緊，沒有給他買書桌，只從家裡搬去一張沒有抽屜的方桌供他使用，他起初有些不高興，認爲不像樣子，怕別人見笑，但一經和他說明家境困窘等道理，他就沒有什麼意見了。」在許多人的回憶中，魯迅與周作人的性格差異是鮮明的，大哥能幹、負責、不饒人，老二和順、遷就卻有依賴性，兩種截然不同的個性對他們以後的文學創作和人生道路，都產生了深刻的影響。

正當周家逐漸淡忘了由於祖父入獄帶來的噩夢時，父親周伯宜卻突然口吐狂血，一病不起。在父親臥病直至去世期間，大量繁重的事情都由老大擔當，因此在魯迅的記憶裡，這是又一次慘痛的經歷，又一個難以癒合的精神創傷。在《父親的病》一文中，魯迅沉痛地寫下了在出入當舖間，默默地爲父親買藥、覓藥中痛苦的內心體驗。可以說，魯迅後來對於人情世態的感喟，都與早年這段經歷有關。

周作人雖曾跟隨魯迅一起四處奔波，搜尋各種古怪的藥引，但畢竟年少，而且有大哥擋在前面，所以他的內心感觸要平淡得多：「有一次要用蟋蟀一對，且說明需要原來同居一穴的，這才算是一對，隨便捉來的雌雄兩隻不能算數。在百草園的菜地裡，翻開土塊，同居的蟋蟀隨地都是，可是隨即逃走了，而且各奔東西，不能同時抓到。幸虧我們有兩個人，可以分頭追趕，可是假如運氣不好捉到了一隻，那一隻卻被逃掉了，那麼這一隻捉著的也只好放走了事。」⑨顯然，在周作人兒時的記憶裡，為父親找「藥引」是有許多「遊戲」的成分的。

父親病故後，周作人開始了一段他稱之為「憂鬱」的歲月。他十三歲那年，家裡要他到杭州代替小叔叔伯升，去陪伴關押在杭州監獄裡的周福清。其實這陪伴工作並不難，只要每隔兩三天到監獄裡去探望祖父一次，平時與潘姨太一起住在花牌樓，自己讀書、寫字。但對於周作人來說，這卻是一段極為暗淡的回憶：「那時環境總是太暗淡了，後來想起時常是從花牌樓到杭州府的一條路，發現自己在這中間，一個身服父親的重喪的小孩隔日去探望在監的祖父。我每想到杭州，常不免感到有些憂鬱。」

在杭州陪侍祖父一年多，老人家把周作人的功課安排得比較緊，每次去陪侍，一定給他上新課，查閱他的作業，並指導他讀書，給他講典故。這一年多來，周作人讀書刻苦，也受到了祖父的誇獎，說他既聰敏又肯用功，比小叔叔伯升要強得多。也許，來自長輩們的表揚可以給他當時憂鬱的生活注入些許陽光。

然而，眞正給予周作人刻骨銘心記憶的，卻是他所謂「初戀」的人生經驗。初戀的對象，是花牌樓隔壁的姚姓女子：

在此刻回想起來，彷彿是個尖面龐，烏眼睛，瘦小身材，而且有尖小的脚的少女，並沒有什麼殊勝的地方，但是在我的性的生活裡總是第一個人，使我於自己以外感到對於別人的愛著，引起我沒有明瞭的性之概念的，對於異性的愛慕的第一人了。⑩

雖然沒有更進一步的浪漫感情，但對於周作人來說，這已是終身難忘的極爲珍貴的記憶了：「我與花牌樓作別，已經有六十多年了，可是我一直總沒有忘記那地方，因爲在那一排三樓間房屋內，有幾個婦女，値得來說她們一說。」六十多年以後，一個古稀老人仍然沒有忘記那位「盈盈十四五」的女子以及與她有關的女人們。

四、徬徨與出走

祖父被捕、父親病故這兩件事，是使周氏家族不可避免地走向沒落的轉折點。爲了使周福清免於處決，周家不得不籌一筆巨款分送到杭州和北京，求人設法營救，從此周家小康不康，家境漸漸支撐不住了。後來，周伯宜在病床纏綿兩年多，於一八九六年十月十二日去世，周家爲辦理喪事，歸還借債，又不得不忍痛賣盡了剩下的二三十畝水田，這樣，周家也就徹底破產了。

周伯宜死後，周福清仍關在獄中，周作人一家因此倍受本家族人的歧視。周作人母親回憶說：「記得在太先生（指周伯宜）逝世不久，有一次，本家長輩為重新分配房屋，集會商議。他們欺負我們這一房孤兒寡母，爺爺又被押在獄中，分給我們的房屋既差又小。你們的大先生（指魯迅）對這種不公平的分法，非常不滿，當場提出這件事情自己不能作主，要請示爺爺，堅決不肯簽字。」⑪另有一次，周家因家境貧困，無錢購買必需的用品，族中一位叔祖母就慫恿魯迅尋找家裡的首飾去變賣，事後又放出流言，污衊魯迅偷了她家的東西。這些事情給魯迅內心的創傷是深重的。

後來，魯迅曾氣憤地回憶說：「有誰從小康人家而墜入困頓的麼？我以為在這途路中，大概可以看見世人的眞面目。」因此，他決心離開故鄉，「走異路，逃異地，去尋找別樣的人生。」

魯迅做事一向是決絕、果敢的，他在尋找著人生的「異路」。那麼這條新的道路又在哪裡呢？當時，維新變法思潮已在全國興起，魯迅以他強烈的政治敏感性，很快接受了新思潮的影響。他多次與周作人談到，自己對宣揚維新的《知新報》很感興趣，對該報譯載的西方列強企圖瓜分中國版圖事態十分關注，表現出為祖國存亡而憂慮的心情。當時紹興已開辦中西學堂，但魯迅不滿意周圍的環境，覺得無論於國於家，他都要走出故園，去迎接時代的大風暴的來臨。

魯迅選擇了南京江南水師學堂，一所無需繳納學費的「洋學堂」。一八九八年五月二日上午，天下著濛濛細雨，魯迅告別依依不捨的弟弟周作人，接過母親爲他籌措的八元川資，不顧世人的奚落和嘲笑，毅然離開了故鄉紹興。

魯迅離家後，周作人似乎一下子長大了許多。是的，以前家裡有個既聰敏能幹，又極爲負責的哥哥，周作人已經習慣於聽憑安排，可是，現在不同了，凡事都要自己做主，而且幾乎沒有什麼人可以商量。在壓抑的環境中，他有許多內心的憤懣和悲哀需要向人傾訴，這時候，他就會提起筆來，向遠在南京的魯迅抒發鬱悶。例如，一九〇〇年紹興發生社會暴動，不久又有全家最鍾愛的四弟突然逝世，這些事都曾引起周作人強烈的情感反應，在這時候，他便只能通過書信向大哥傾吐。魯迅總是很快回信，勸慰自己的弟弟。

當然，他也在選擇自己的道路，卻遠沒有魯迅的果敢。在徬徨了相當長的一段時間之後，周作人還是走了一條家裡爲他安排好的道路——參加八股應試，走讀書做官的正途。他甚至還爲此做過一個夢，夢見正堂匾上題有「花甲登科」四字！

這一選擇，足以顯示出周作人內心深處的軟弱和平庸，這種性格後來也害了他的一生。

從他記載的日記可知，周作人幾乎是懷著虔敬的心情去應試的，但結果卻是連續三年落榜。他極爲痛苦，而命運的安排就是這樣殘酷。多年後，考試給周作人的記憶仍是灰暗的：「冬天日短，快近冬至了，下午的太陽特別跑的快，一會兒看看就要下山去了。這時候就特別顯得緊張，咿唔之聲也格外淒楚，在暮色蒼然之中，點點燈火逐漸增加，望過去眞如許多鬼火，連成一片；在這半明不暗的火光裡，透出呻吟似的聲音來，的確要疑非人境。」⑫

在仕途上，周作人是注定失敗了。現在他不得不擔負起全家的主要責任——收租與完糧，但他顯然對此毫無興趣。確實，對於一個很要面子的讀書人來說，周作人當然不願意充當靠收租吃飯的周家二少爺，更不屑把自己的一生托付於田間地頭，或者混跡於「短衣幫」中間：

其最爲難的是，上街去時一定要穿長衫，早市是在大雲橋地方，離東橋坊口雖不很遠，也大約有二里左右的路吧，時候又在夏天，這時上市的人都是短衣，只有我個人穿著白色夏布長衫，帶著幾個裝菜的「苗籃」，擠在魚攤菜擔中間，這是什麼一種況味，是可想而知了。我想脫去長衫，只穿短衣已覺得涼快點，可是祖父堅決不許，這雖是無形的虐待，卻也是忍受不下去的。⑬

周作人對台門內的生活徹底失望了。他甚至一度沾染了「流氓」習氣，用他自己的話說「幾乎成了小流氓」。他當然不甘心於此，但路又在那裡呢？

這時候，中國文人的「隱逸」情致俘虜了他的心。他開始「躲避」現實，情不自禁地暢遊於山水之間。那時候，他先後兩次去母親的家鄉安橋，不是去走親訪友，而純粹是領略眞正的水鄉風韻；他還多次探訪禹陵，在對古代先賢的追思中寄托自己的抱負。也許周作人是像日本俳句所說，「帶了什麼敗殘之憾或歷史的悲愁那種情調」，去看「蝙蝠在暮色中飛翔」，自然浮起了「別種的意趣」罷。

周作人的境遇，引起了在南京求學的魯迅的不安和同情。此刻，魯迅又一次擋在前面，爲周作人做起了「鋪路石」。一九〇一年七月十二日，周作人收到魯迅來信，並在當天日記中欣喜地寫道：「下午接大哥初六日函，云已稟明叔祖（即周慶蕃，時爲江南水師學堂國文教習兼管輪堂監督），使予往寧充（水師學堂）額外生，並囑予八月中同封燮臣出去。又附叔祖致封君信，並說此事，並云已爲予改名作人。」

機會終於來了。周作人將要擺脫台門內「牢籠」一般的日子，去尋找另外一種生活。

五、一把「火」燒起來

一九〇一年農曆七月二十八日，周作人懷著興奮、卻又夾雜著依依不捨的心情離開了家門。

臨走時，母親竟然再也拿不出幾個錢了，只送給他一句話：「窮出山，富難成」。周作人能理解家裡的難處，拿了點路費，就高高興興地上路了。

周作人是乘著「夜航船」，踏上去南京求學之路的。一路上，不斷有船夫「靠塘來」或「靠去下」的吆喝聲，但他無暇顧及這水鄉號子中特有的韻味。他畢竟是第一次出遠門，而且對外面的世界充滿了陌生、新鮮，當然還有幾分憂慮。

船在汩汩聲中不斷向前。到杭滬運河的盡頭——拱長橋後，周作人一行改乘小火輪，第三天早晨就到了上海。

上海留給這位紹興「鄉下人」的印象是什麼呢？第一是洋房和紅頭巡捕，其次就是「野雞」了。她們散居在各處弄堂裡，但聚集最多的地方是四馬路一帶，而以青樓閣茶樓爲最盛。但凡往上海觀光的鄉下人，必定首先到那裡去，周作人他們也不例外。他承認：那裡茶也本來頗好，不過他們是「醉翁之意不在酒」，目的乃是看女人。對於正處在敏感期的周作人來說，「女人」無疑是很具有吸引力的。當晚，他們還到四馬路春仙茶園看京戲《天水關》和《蝴蝶杯》，但京戲給周作人的初次印象似乎不太好——也許在他看來，眞正能給他帶來快樂的，還是家鄉的目蓮戲和「紹興大班」。

沿途的經歷不必細說。周作人一行於農曆八月初二就到了南京下關。沿馬路進城，過了儀鳳門不多遠，就可以看見工廠的大煙囪了。這裡，就是周作人的目的地——水師學堂。

江南水師學堂創建於光緒十六年（一八九〇年），由曾國荃開辦。這是中國的所謂洋務派準備迎接虎視眈眈的敵人，加強中國海軍實力所做的一次努力。據周作人回憶，江南水師學堂本來分三科，即駕駛、管輪和魚雷，但到了一九〇一年時，魚雷班已經停辦。學校規模不小，但小洋房與關帝廟混雜在一起，給人以不中不西、不倫不類的印象。也許，這就是所謂「中學為體，西學為用」的「神韻」吧。

周作人初二到南京，初九就參加額外生考試。考題為作論一篇，題目是「雲從龍風從虎論」，與中國傳統舊學堂竟無區別。待周作人正式成為「掛牌準補副額」學生以後，他更加失望：這裡名為「新學」，實際上骨子裡卻處處是「舊」的。教師上課的內容也讓人匪夷所思，例如有一位教漢文的老夫子說：地球有兩個，一個自動，一個被動，一個叫東半球，一個叫西半球。還是魯迅看得透徹，所謂「上午『聲光化電』（洋文課），下午「子曰詩云」（漢文課）」，不過是要「學了外國本領，保存中國舊習」而已。之後不久，魯迅以「烏煙瘴氣」四字概括了學校的一切，終於憤而離開水師學堂，進入了陸軍礦路學堂。

也許是初來乍到，也許是隨遇而安的性格在起作用，總之周作人並沒有跟隨魯迅改學。他雖然也痛恨學校刻板的「點名」、「打靶」、「出操」等制度，但他再次找到了人生的一大安慰——南京的美味小吃。在周作人的一生中，「美食」不僅是他生活的一大主題，而且直接影響了他一生中的許多選擇。

這時候，一本書把他「燒」了起來。那就是赫胥黎的《天演論》。書是由魯迅帶來的，周作人的最初感覺是「譯筆甚好」，接下來卻是大受感染，一發不可收。當天讀完一遍，第二天日記云「又看《天演論》兩遍」，以後又陸續有「看赫胥黎《天演論》少許」、「下午看《天演論》」等多次記錄。那麼，《天演論》風靡一時的「魔力」究竟在哪裡呢？錢理群先生對此做了深入分析：

> 向西方尋求民族「自救之路」，反映了一八九五年甲午戰爭後時代的共同要求，表明中國人對於西方的學習，由科學技術轉向學術思想；《天演論》正是中國知識分子從西方求來的第一個思想武器，它給人們在現實生活中強烈感受到民族危機感，提供了自然科學的理論依據……對於周作人這一代，《天演論》還提供了一個與中國傳統的奴隸哲學截然相反的全新的人生哲學，即自強、自力、自立、自主的進取的奮鬥的人生哲學。⑭

在這時期的閱讀中，除了《天演論》外，還有嚴復翻譯的《原富》、《名學》，以及梁啓超主辦的《清議報》。他幾乎是如飢似渴從每個字裡行間尋找新思想的信息，並且由此掘開了他「久違」了的情感噴發。這時候，他的被長期壓抑的個性開始張揚起來，在溫順、謙和的外表下，一股炙熱的「火」正逐漸瀰漫開來：「上午看《勸學篇》少許，即棄去。剽竊唾餘，毫無足取；且其立意，甚主專制，斥民權自由平等之說，生成奴隸根性。此書一出，獨夫之心，日益驕固，可恨也！」何曾見過周作人發出這樣的言辭，透過這種激烈，我們彷彿看到了周作人與其兄魯迅一脈相通之處。

此時，大哥魯迅已赴東瀛留學，並參加了日本弘文學院學潮。周作人也以上書的方式，請求隨同學校總辦前往日本考察，遭到拒絕。這時他收到魯迅「斷髮照相」，上有「寄意寒星荃不察，我以我血荐軒轅」之句，周作人讀後十分激動，連日深夜不眠。一九〇三年暑假，魯迅第一次回國，周作人趕回紹興，作徹夜之談。

面目一新的周作人開始走出校園，與一些革命者有了來往。可是就在他浪漫主義、英雄主義和理想主義勃發的時候，一場大病幾乎奪走了他的生命。

這一次，他在病床上足足躺了四個月，那股被改造社會的理想主義激發起來的生命的烈焰，漸漸在「病魔纏繞」下一點一點地熄滅了。不久，祖父周福清蘧然逝世，又給他沉重打擊。於是，他生命的常態又占了上風，甚至陷入了佛教和老莊哲學的消極情緒裡。在日記裡，周作人將這時期的心態做了一個概括：「近年我之思想大變。昔主強權，今主悲憫；昔主歐化，今主國粹。」⑮總之，在經歷了幾次政治活動之後，他又收場做起了隱士。

或許，他注定不是一個「戰士」，而只是一個具有濃厚個人趣味的「文人」。

祖父的喪事辦完後，周作人再也沒有回到南京。他應邀來到紹興附近的「東湖通藝學堂」，教學英語。但他似乎對教學並不感興趣，因而業餘時間都花在讀雜書、閑書上。不久，周作人又對翻譯發生了濃厚興致，終於決定把英文本《天文夜譚》裡的幾個故事譯出來，於是有了《俠女傳》的譯作。以後，又先後發表了短篇小說《女獵人》和長篇小說《孤兒記》等作品，其實這也都是「譯述」，一半是套用西方故事，一半是個人創作。這些文學活動對於周作人來說是十分重要的，它不僅顯示了他有了文學方面的良好開端，而且表明他具備「語言藝術家」的氣質，必將在未來歲月置身於一流作家的行列。

但這一切對於當時的周作人來說，並不顯得十分迫切。此刻他的最大夢想還是步大哥魯迅的後塵，去日本留學，與兄長會合。一九〇五年冬天，機會來了，北京練兵處要派遣學生出國學海軍，周作人獲得了參加應考的良機。這次，他成功了，終於在一九〇六年秋獲准赴日本學習建築。

誰知，「衝出牢籠」的周作人竟是那樣與日本結下了不解之緣……

【註釋】

①周作人：《秉燭談・雙節堂庸訓》。

②③⑥周作人：《立春以前・立春以前》。

④周作人：《雨天的書・十字街頭的塔》。

⑤魯迅：《從百草園到三味書屋》。

⑦周作人：《談虎集・我學國文的經驗》。

⑧周作人：《知堂回想錄・六・逃難》。

⑨周作人：《知堂回想錄・十二・父親的病》。

⑩周作人：《知堂回想錄・十七・花牌樓》。

⑪俞芳：《談談周作人》。

⑫周作人：《知堂回想錄・二三・縣考的雜碎（續）》。

⑬周作人：《知堂回想錄・二六・逃脫》。

⑭錢理群：《周作人傳》，第八十七頁。

⑮周作人：《頑石日記》。

第二章　大風暴裡的孤獨者

一、他鄉是故鄉

一九〇六年六月，周作人與專程從日本回來的大哥魯迅，還有兩位同鄉，再一次坐上夜航船，離開了故鄉紹興。

魯迅坐在船頭，沉默著。他剛剛與「極爲矮小，頗有發育不全樣子」(周作人語)的朱安完婚，現在青年時所有的夢想都已經破碎。魯迅後來曾說：這婚姻完全是母親送給他的「禮物」，並無絲毫愛情，但給他帶來的卻是終身的遺憾和痛苦。此刻，魯迅像一座不言、不笑的雕塑，靜默地看著流水逝去。大哥的痛苦，也給同行的周作人帶來了某種不安和沉重。

山城丸號海輪徐徐駛出吳淞口。一出海，就碰上了惡劣天氣。周作人站在窗口外望，層層疊疊的雲靄堆砌在海天之間，巨大的海輪就像一片葉子，風高浪急，波浪沖擊著船舷，船身立刻便劇烈地顛簸。周作人只覺得一陣頭暈，只想嘔吐，他眞的暈起船來。

在故鄉紹興，周作人是坐慣了各式各樣的船的，但海上經驗卻是頭一回。這次海上旅行，在周作人的回憶中只是痛苦回味和一片渺茫的空白。

由於暈船，無法欣賞海上風景。到東京的那一天傍晚，周作人的身體仍感到虛軟，腦子裡也是昏沉沉的，只是跟隨魯迅不停地走著。

「我們往日本去留學，便因爲它維新成功，速成學會了西方文明的緣故。」而且，日俄戰爭剛剛結束，日本戰勝了俄國，這在中國知識分子的眼裡陡然增加了幾分神秘感。周作人在沿途中試圖尋找答案，但陌生新鮮的異國風情抓住了他的心。他的最初印象中，倒是日本民族的生活習慣引起了他的興趣。

魯迅寄宿的地方，是在本鄉湯島二丁目的伏見館。周作人對日本人生活居所的第一印象是：「簡單的一句話，是在它生活上的愛好天然，與崇尚簡素。」在他沉思的時候，從裡屋走出一位十五六歲的少女——干榮子，她是館主人的妹妹兼做下女工作的，出來給客人搬運皮包和端茶水。

周作人詫異了，干榮子竟然赤著腳，輕盈自然地在屋裡走來走去。他忽然想起了那首著名的《江南好》詞：「江南好，大腳果如仙。衫布裙綢腰帕翠，環銀釵玉鬢花偏。一溜走如煙。」周作人是厭惡纏足的，現在當他看到「一溜走如煙」的女人的天足，竟感到了異常的興奮，甚至泛起了想親近這位少女的情感漣漪。

多少年後，周作人對這雙潔白、輕靈的少女的腳仍然念念不忘，不過此時他已經把這種心靈體驗上升爲一種觀念。他在《日本之再認識》一文中寫道：

我相信日本民間赤腳的風俗總是極好的，出外固然穿上木屐或草履，在室內席上便白足行走，這實在是一種很健全很美的事。我所嫌惡中國惡俗之一是女子的纏足，所以反動的總是讚美赤腳，想起兩足白如霜不著鴉頭袜之句，覺得青蓮居士畢竟是可人，在中國古人中殊不可多得……

無疑，周作人對日本和日本文化是有一種特殊神往的，更重要的是，他還隱隱發現，在中國文化中已經消失(甚至走到反面)的某些傳統、古風，卻在異國日本依然保存、扎根著。他對此感到某種親近，產生了「思古之幽情」，「我那時又是民族革命一信徒，凡民族主義必含有復古思想在裡邊，我們反對清朝，覺得清朝以前或元朝以前的差不多都是好的，何況更早的東西。」①這個新「發現」給周作人帶來的喜悅是難言的。

恐怕正是這一緣故，周作人對日本的衣食住都非常適應，而且由衷地喜愛，這種感受與許多中國留日學生的體驗不盡相同。例如吃飯，日本下宿的飲食是相當清苦的，菜味清淡、枯槁、沒有油水，平民下飯的菜總是蔬菜和魚介。中國留學生吃不慣生魚，每天早上吃兩片麵包加黃油，中午和晚上兩餐飯，除了蘿蔔、竹筍，絕少羊、鵝、鴨等肉食，難怪他們要大驚小怪。但「美食家」周作人卻不以爲苦，反覺得這別有一種風味，他在《日本的衣食住》中回憶：「吾鄉窮苦，人民努力日吃三頓飯，唯以腌菜臭豆腐螺絲爲菜，故不怕鹹與臭，亦不嗜油若命，到日本去吃，無論什麼都不大成問題。有些東西可以與故鄉的什麼相比，有些又即是中國某處的什麼，這樣一想就很有意思。」從周作人的敘述中，可以發現他的「衣食住」之美，是包含了一種故國之思的，這樣他就很容易像大哥魯迅一樣，在當地選擇了「完全日本化」的生活方式。

周作人和魯迅住在一個日本中下等的「下宿」，生活還是非常艱苦的。但由於「在日本的感覺，一半是異域，一半卻是古昔，而這古昔乃是健全地活在異域的，所以不是夢幻似地空假。」②周作人很快開始了悠閑自在的讀書生活。

當然，首先要過的是語言關。中國留學生會館開辦了日語講習班，周作人每星期去三四次，但他沒有多少興味。第二年又改進政法大學的特別預科，聽講日文以及英、算、歷史等淺近學科，但也只是繳了一年學費，事實上去上學的日子沒有幾天。學校的功課是平淡的，給他留下印象的是幾個「近於舊式的好人物的模型」的日語先生。

但有一事不能忽略。就在周作人在日本留學的第二個夏天，紹興爆發了徐錫麟因刺殺恩銘失敗而被挖心的事件，不久又傳來秋瑾姑娘被殺的消息，這兩件事在紹興留學生中引起了強烈反響。在紹興同鄉會召開的抗議會上，圍繞是否發電報給滿清政府而展開了激烈爭論。之後，魯迅和周作人遷入新居——本鄉東竹町的中越館，訪問的客人陡然增多，他們時常跑來談天，甚至還有人跑來要周氏兄弟代爲保管聯絡革命的文件。也正是在這一時期，魯迅秘密加入了光復會，成爲「革命黨」的成員。

周作人雖然置身其中，但似乎不是那麼積極。魯迅對自己的二弟是很了解的，力所能及地盡量保護著周作人，並不讓他介入。這樣，周作人就有充分的閑暇過著買書、讀書的生活。據周作人《東京的書店》一文回憶，那時他經常到神田、本鄉一帶，挨家的到書店、書攤尋書、訪書，往往可以花去大半天的時光。本鄉的南江堂以出售德文書出名，東京堂常有日本新刊書與雜誌，文求堂多中文舊書，郁文堂、南陽堂總分店則以賣洋書出名，都各具特色，也是周作人、魯迅、許壽裳等經常光顧的。口袋裡有了錢，他們就像手癢一樣，便會急著趕到書店去「逛」一趟，每回都是搜刮一空而歸，於是相視一笑：「又完了！」說話時很有些幽默氣，而內心裡卻含著苦味——也許，這就是窮學生的「苦趣」吧。

在當時周作人的購書單中，顯然可以看出他的讀書是有偏好的。「那時我的志趣乃在所謂大陸文學，或是弱小民族文學，不過借英文做個居中傳話的媒婆而已。……俄國不算弱小，其時正是專制與革命對抗的時候，中國人自然就引爲同病的朋友，弱小民族蓋是後起的名稱，實在我們喜歡的乃是被壓迫的民族之文學耳。」③在這種「情份」引導下，他讀的最多的是波蘭、保加利亞、芬蘭、匈牙利、新西蘭、波斯尼亞的作品，最喜愛的作家則有俄國的果戈理、伽爾洵、波蘭的顯克微支。另外周作人還尤其喜歡讀文學史著作，通讀的有摩斐耳的《早期斯拉夫文學小史》，勃蘭兌思的《波蘭印象記》，賴西的《匈牙利文學史論》等。與此同時，周作人另一個讀書興趣點是文化人類學著作，這曾經對他的人生選擇產生過帶有根本性的影響，正如他自己說道：「我因了安特路朗的人類學派的解說，不但懂得了神話及其同類的故事，而且也知道了文化人類學」，而「我對人類學稍有一點興味，這原因並不是爲學，大抵只是爲人。」對此，錢理群先生有一個獨到的分析：

> 如果說，被壓迫民族文學的「發現」，使周作人衝破了中國傳統文化中的「民族
> 本位主義」，與二十世紀世界性民族解放運動潮流取得了精神的呼應；那麼，現在
> 人類學的「發現」，更使得周作人衝破「國家」、「民族」的狹窄範圍，進入了對於
> 「人」的自身的思考，這不僅是對以「把人不當作人」爲主要特徵的中國專制主義傳
> 統文化的更根本的否定，而且融入了二十世紀世界性的「人」的覺醒與解放的潮流，
> 達到了更高的境界。④

周作人通過自己的「雜學」，爲以後的文學創造做了充分的準備。

二、初試鋒芒

周作人在《回想錄》中說道：「我們留學日本，準備來介紹新文學，這第一需要資料，而收集資料就連帶的需要買書的錢，於是便想譯書來賣錢的事。」由他本人的敘述可知，當時他和魯迅從事翻譯，除了「介紹新文學」的動機之外，經濟來源少也是一個重要原因。

他們的翻譯工作是寂寞而艱辛的：「陰冷的冬天，在中越館的空洞的大架間裡，我去管翻譯起草，魯迅修改謄正，都一點不覺得困乏或是寒冷；只是很有興趣地說說笑笑，談論裡邊的故事……」在難耐的寒冷和精神的愉快的雙重體驗中，兄弟倆默默耕耘，成果斐然：他們先後翻譯了《紅星佚史》（英國哈葛德．安特朗著）、《勁草》（俄國托爾斯泰著）、《匈奴奇士錄》（匈牙利育珂摩耳著）、《炭書》（波蘭顯克微支著）、《黃薔薇》（匈牙利育珂摩耳著）等多種著作。更具有里程碑意義的，是周氏兄弟於一九〇九年二月、六月先後出版的《域外小說集》一、二冊，該書裝幀考究，翻譯作品涵蓋了西方著名作家和俄國、北歐、東歐作家的作品。這些書的出版，標誌著周氏兄弟已經以翻譯家的身份眞正開始了文學活動。

但周氏兄弟在合作的前期，就顯然存在著某些分歧。今天我們仍然可以體會，周作人對當時的著譯，雖然也有認眞的態度，但更多的是以「興之所至」的消閑心態來對待的；而魯迅則把「譯書」比作普洛米修士的「偷火」，將其看作是嚴肅的「事業」，並且一定程度上也是在追求譯書的社會效果的。由於觀念之差異，心態之不同，倆人在譯書時就出現了微妙的變化：一個消極、休閑，一個積極、投入。他們終於發生了衝突：

大概那時候很是懶惰，住在伍舍裡與魯迅兩個人，白天逼在一間六席的房子裡，氣悶得很，不想做工作，因此與魯迅起過衝突，他老催促我譯書，我卻只是沉默的消極對付，有一天他忽然憤激起來，揮起他的老拳，在我頭上打上幾下，便由許季茀趕來勸開了。他在《野草》中說曾把小兄弟的風箏撕掉，那卻是沒有的事；這裡所說乃是事實，完全沒有經過詩化。但這假如是爲了不譯吠檀多的關係，那麼我的確是完全該打的；因爲後來我一直在懊悔，我不該是那麼樣的拖延的。⑤

這一次，兄弟倆並沒有因此而失和。或許是周作人有了悔意，或許是他已習慣了服從於大哥，兩人很快就和好了。

在經過了一段時間的譯書工作以後，一九〇七、一九〇八年間，周作人與魯迅開始以《天義報》和《河南》等雜誌爲陣地，發表了一系列文章。他們對以孔孟儒學爲中心的封建文化和以「重物質而輕精神」的「國民精神」展開了猛烈批判，還提出了一個以「改造民族靈魂」爲中心的文藝思想體系，強調「文章者，國民精神之所寄也」，「文章或革，思想得舒，國民精神進於美大，此未來之冀也。」這些文章，如魯迅的《人之歷史》、《摩羅詩力說》、《文化偏至論》，周作人的《論俄國革命與虛無主義之別》、《論文章之意義暨其使命因及中國近時論文之失》等，如今都已成爲研究中國現代思想史與文學史的重要文獻。

現在，魯迅和周作人終於走出了嚴復、梁啓超、章太炎等思想巨人的身影籠罩，發出了更年輕一代的聲音，並在日本留學生中贏得廣泛的聲譽。從這時開始，至少在東京，實際上已經形成了以魯迅爲中心的文人圈子，周作人是其中重要的「圈內人」。

這裡，不能不提及章太炎先生給予周作人的特殊影響。應該說，周作人與章太炎接觸是很早的，到東京不久，他就因爲與章太炎的女婿龔未生有來往，由此與章太炎相識。在交往中，周作人和魯迅都自覺或不自覺地接受了他的啓示，並逐漸形成了「重個人，張精神」的個人主義和無政府主義（虛無主義），以及以愛國主義、民族主義爲特色的「復古」思想。

周作人眞正開始聽章太炎講學，則是在章太炎主持的同盟會機關報《民報》開辦的國學講習班上。那時魯迅與許壽裳、龔未生說起，想聽章太炎先生講學，章先生爽快地答應下來了。於是，周氏兄弟、許壽裳、錢家治、龔未生外，後來又有錢玄同、朱希祖、朱宗萊等一共八人，開始了每周一次（周日）的聽講。

當時上課的情形是什麼樣子呢？周作人後來回憶道：民報社在小石川區新小川町，一間八席的房子，當中放了一張矮桌子，章先生坐一面，學生圍著三面聽。用的書是《說文解字》、《莊子》，一個字一個字的講下去，有的沿用舊說，有的發揮新義，文字學本來是很枯燥的，太炎先生講起來卻很有滋味。原來聽說太炎先生愛發脾氣，現在知道那是對著有錢有勢的闊人的，對於青年學生卻是很好，隨便談笑，同家人朋友一般。夏天，章先生盤膝坐在席上，光著膀子，只穿一件長背心，留著一點泥鰍鬍鬚，笑嘻嘻的講書，莊諧雜出，看去好像是一尊廟裡的哈喇菩薩。

或許大師的風範就是這樣簡樸，但這種簡樸中又似乎蘊涵了無所不包的博大。這時候，周作人、魯迅與章太炎先生的關係，確實擰在了亦師亦友的情份上了。二十多年後，太炎先生逝世，周作人懷著巨大的悲痛寫下了《記太炎先生學梵文事》，文中說：「太炎先生以樸學大師兼治佛法，又以依自不依他爲標準……此種博大精進的精神，實爲凡人所不能及，足爲後學之模範者也。我於太炎先生的學問與思想，未能知其百一，但此偉大的氣象得以懂得一點，即此一點卻也使我獲益非淺矣！」

「轉益多師爲我師」，做學問的道理恐怕就是這樣複雜而簡單。周作人從「雜學」的經驗，和從太炎先生求學的體會中，終於悟出了「大師氣象」的奧妙之處，也爲他後來自成一家的學問、文章奠定了扎實的基礎。

三、赤羽橋邊

大約在一九〇九年八月，周作人與日本女子羽太信子結婚了。奇怪的是，在周作人所有的文字中，或者其他人的回憶裡，竟毫無例外地不曾對這段異國婚姻留下任何片言隻語。他們是如何相識、相戀的？又有怎樣一種結婚的風俗排場？我們現在竟然不得而知。

魯迅的態度呢？也不清楚。只是知道，周作人結婚不久，魯迅就回國到杭州去教書了。據許壽裳先生在《亡友魯迅印象記》一文回憶，魯迅曾對他說過：「你回國很好，我也只好回國去，因爲起孟(即周作人)將結婚，從此費用增多，我不能不去謀事，庶幾有所資助。」也許魯迅已經預感到，雖然二弟已經結婚、獨立了，但一向依賴自己的周作人要擔負起羽太信子一家子，恐怕是力不能逮，早晚有一天他還會向自己求助的，做大哥的能看著不管嗎？

魯迅歸國後，周作人已經感到了無助和失落。首先在語言問題上，他已經不習慣了：

我學日本語有好幾年了，但是一直總沒有好好的學習，原因自然一半是因爲懶惰；一半也有別的原因，我始終同魯迅在一處居住，有什麼對外的需要，都由他去辦了，簡直用不著我來說話，所以開頭這幾年，我只要學得會看書看報，也就夠了……其時不久魯迅要到杭州教書去，我自己那時也結了婚，以後家庭社會的有些事情，都非自己去處理不可，這才催促我去學習。⑥

學習語言，當然有多種途徑。周作人覺得要在日本生活，還是學「流動著的語言」比較實用。周作人所住的本鄉西片町街盡頭的鈴木亭，恰好是一個日本稱做「寄席」的雜耍場。這裡，有一種所謂「落語」，大約相當於中國的單口相聲，既幽默滑稽，又有日本的世態人情和文化神韻。周作人越來越喜歡這種民間文藝形式，以致一有空閑便到「寄席」去聽落語，成了他打發寂寞，學習日語的最好的娛樂。

在周作人的審美觀裡，從小養成的平民趣味始終是最爲重要的部分。落語表演以它「一碗白湯，一柄折扇，三寸舌根輕動，則種種世態人情，入耳觸目，感興覺快，落語之力誠可與浴後的茗香熏煙等也。」它正好契合了周作人的趣味。爲此，他曾經計劃翻譯一冊《日本落語選》來，但是最終沒有能夠實現，後來他又轉而喜歡上日本的民間喜劇，一種「讓人破顏一笑」的滑稽戲——「狂言」，他倒是譯了二十五篇，出版了一本《日本狂言選》。周作人後來感慨地說：「東京這裡眞是什麼知識都可以抓到的那樣便利的地方。」而這種具有濃郁民間雜彩性質的風物，恰恰是周作人內心的眞愛。

周作人是從民間文化的「籬笆牆」轉而走向高雅文學的「殿堂」的，他的入門路徑與一般文學家的選擇有明顯的差異，這也顯出周作人確有他的過人之處。對於文人文學，他特別推崇日本古老的詩歌樣式——俳諧。他以為日本古老的「俳諧」，經過變遷發展，雖出現了「始祖松尾芭蕉的正風，幽玄閑寂的禪趣味，與謝蕪村的優美艷麗的畫意，晚近更有正岡子規的提倡寫生，但是儘管如此，它卻始終沒有脫掉俳諧的圈子，仍舊是用『平淡俗語』來表達思想，這是我所以覺得有意思的地方。」⑦其中「平淡俗語」一詞，後來是否影響了周作人的散文創作？我們認為答案是肯定的。

現在由於熟悉了日文，對日本文化和市俗風情也漸漸清晰了，周作人便開始閱讀日本當代文學。他首先注意到的是夏目漱石的作品，並且深深地喜愛上了他那種「英國紳士的幽默與江戶子的灑脫的結合」的文學風格，令他流連不忍放手。據他回憶，他曾經躲在赤羽橋邊的小樓上，偷懶不去上課，悄悄地讀夏目的小說。他最愛讀的是《我是貓》與《哥兒》，還推薦學日文的朋友讀。另外，周作人喜歡的日本作家還有森鷗，他欣賞他「文章的清淡而腴潤，這也是一樣的超絕」，而作品中表現出來的「對於萬事總存著遊戲的心情」以及「理智的人透明的虛無的思想」，更是引起了他的共鳴。

魯迅歸國一年左右，周作人一家因經濟的原因，搬出了本鄉這個留學生和知識階級的聚居區，來到了麻布森元町。這裡的房屋比較簡陋，前門臨街，裡面是六席的一間，右手三席，後面是廚房和廁所，樓上三席和六席各一間，但是房租卻很便宜，比本鄉的房子幾乎要便宜一半的樣子。或許周作人本來就對日本的民間文化甚感興趣，如今身處其中，正好可以把它作爲「鄉土研究」的個例，所以他絲毫沒有感到不便，「這好像是火車裡三等的乘客，都無什麼間隔，看見就打招呼，也隨便的談話。」在這裡，他反而找到了鄉里鄉親的感覺。

他生活著，同時也觀察著——特別是這兒的「人」。首先引起周作人興趣的，是右鄰裱糊工的女兒，一位不良少女。她生得漂亮，因爲與後母不和，漸漸放縱自己。每天午後，胡同裡就聽見有男子在吹口哨，這是暗號，少女便溜出門去，到附近公園裡與她的男女朋友會合去了。晚上父親回家，聽了後母的訴說，照例是一通大嚷大罵，以至痛打，但有什麼用呢？第二天到時候，弱小的心靈恍如受了符咒的束縛，照樣衝了出去，結果又是一場吵鬧。有一位鄰居勸她：「你也何妨規矩點，省得你父親那樣生氣呢？」但她笑嘻嘻地回答：「你不知道在外邊玩耍是多麼有趣哩！」周作人想：這是很有意思的一句話，很值得人去思索玩味。

周作人是完全帶著好奇的眼光看著這件事情的發展的，好像是在看一齣青春連續劇。在他離開那裡以前，那情形一直如此，引起他很多遐想。

這時候，魯迅第四次到日本，催促周作人夫婦回國。因爲魯迅既要負擔母親等的生活費用，又要經常寄錢給在日本的周作人夫婦。周作人每月官費僅三十元，與羽太信子結婚後，還要資助羽太家，開支甚大。當時魯迅每月收入微薄，而接濟兄弟則需每月六十元，以致入不敷出，只得出賣家中剩餘的田產補充。在這種情況下，魯迅出於無奈，不得不讓周作人夫婦趕快回國。

周作人終於戀戀不捨地離開了他的「第二故鄉」。日本的一切，從此成爲他難解難捨的夢。

四、「臥治」時期

這一次，魯迅幾乎是把在日本赤羽橋邊過著「遊惰」生活的周作人「押解」回來的。在魯迅的反覆勸說、敦促之後，周作人攜夫人羽太信子終於回到了紹興。

然而，闊別故鄉五年多，周作人幾乎不認得老家了。眼前的台門內外，再也找不到往日的詩意，一切都呈現出破落、頹敗的景象。本家的幾個長輩看到周作人帶回一個日本媳婦，好奇地看了幾眼，很快就流露出不屑、鄙夷的神情。

羽太信子不久就感到「水土不服」了。聽不懂紹興方言，整天孤孤單單的，也沒有人能幫她解決困難。這樣過了一段時間，老太太魯瑞便發現新媳婦患上了一種奇怪的病：每當她身體不適，情緒不好或遇到不順心的事，就會又哭又鬧的，接著就昏厥過去。周作人又著急又害怕，只得請醫生來家診治。醫生也沒有什麼好的辦法，開些安神定心的藥給她吃。本家的嬸嬸告訴魯瑞：也許是新媳婦一個人遠離家鄉，過不慣紹興的生活，所以才得了這種怪病。從此，周家都以爲羽太信子的病，是由於到了紹興才得的，所以都覺得難過和擔憂。

或許是周作人爲羽太信子的病折磨、擔憂著，更使他對眼前骯髒、嘈雜、混亂的「故鄉」產生了厭惡和陌生感。他沉湎於異國的五色夢裡，擺脫不了「故國古俗」對自己的誘惑。他悵然地翻檢出一年前寫的「大隅川釣魚記事」一文，不禁感慨萬端，於是在文後加上了一段附記：

> 居東京六年，今夏返越，雖歸故土，彌益寂寥；追念昔遊，時有棖觸。宗邦爲疏，而異地爲親，豈人情乎？心有不能自假，欲記其殘缺以自慰焉，而文情不副，感興已隔。周知懷舊之美，如虹霓色，不可以名。一己且爾，若示他人，更何能感？

周作人此時的心態是寂寞、憂鬱的，但如果把它放在當時已經掀起的時代「大風暴」裡考察，就顯得如此格格不入。這時，辛亥革命的槍聲已經響起，紹興光復的日子也已來臨，王金發的軍隊向紹興城開來了：「這時候是應該睡的時候了，但人民都極興奮，路旁密密的站著看，比看會還熱鬧；中間只留一條狹狹的路，讓隊伍開過去。沒有街燈的地方，人民都拿著燈，有的是桅杆燈，有的是方形玻璃燈，有的是紙燈籠，也有點著火把的。小孩也有，和尚也有，在路旁站著看。經過教堂相近的，還有傳道師，拿著燈，一手拿著白旗，上寫歡迎字樣。……大家都高叫著革命勝利和中國萬歲等口號，情緒熱烈、緊張。」⑧

這時，周作人在做什麼呢？他自己說：「辛亥秋天，我回到紹興，一直躲在家裡，雖是遇著革命這樣大件事，也沒有去看過。」周作人的表現，與乃兄魯迅完全不同——這時候，一向冷靜的魯迅也感到革命「很有希望」而捲入浪潮之中，他被「越社」(南社的紹興分社)推舉為「主席」，忙於組織講演團，到紹興城鄉去演說去了。

周作人對革命如此冷漠，是有原因的。按他的說法，南京時期的經驗，已經使他的革命熱情降到「冰點」，這是主觀原因。另一方面，他經過自己的觀察早已得出結論，以為中國的「革新」事業，必定是一個「羊頭村」，即「掛羊頭，賣狗肉」的貨色而已。他甚至發現了中國歷史的「循環論」，認為轟轟烈烈的變動其實骨子裡根本「無變」。他在《望越篇》中寫道：「昔為專制，今為共和」，「共和」不過是「專制」的變種；國民過去是「異族」的奴隸，今天則是「同氣」的奴隸，因此「以今較昔，其異安在？由今之道，無變今之俗」。總之，這些主客觀因素，使周作人對革命採取了遠離和躲避的態度。

進入民國元年，也進入了周作人的一段「臥治」時期。一九一二年元旦，浙江臨時政府成立，當時在軍政府任教育司司長的沈均儒委任周作人任課長，後又改任本省視學。但周作人並沒有急著去赴任，直接的原因是羽太信子剛生了周家第一個男孩（即豐一），周家上下都沉浸在歡樂中。一直拖延到六、七月以後，周作人才到杭州辦公。他住在教育司樓門口的一間陰暗的房子裡，實在沒有可做之事，每天只是在樓上坐著，看自己帶來的書，看倦了，寫累了，就和衣臥躺在大床上。當時同在教育司任職的老朋友錢玄同，開玩笑送了他一個考語，說周作人是在那裡「臥治」。

周作人「臥治」的結果，雖然沒有為公家辦成什麼事，但自己卻生起病來。起初他以為是感冒風寒，後來知道是因為蚊子叮咬發瘧疾了。本來只要吃金雞納霜就可以痊癒的，但生活在蚊子窩裡，一面吃藥，一面被叮，實在也不是辦法，所以就告別了一個月的教育司生活，回到紹興去了。

當周作人帶著一部廣東版朱筆套印的《陶淵明集》，回到家不久，就傳來一個噩耗：他和魯迅在日本相識的好友范愛農溺水而死了。聽說范愛農是與民興報的同仁乘船到郊外去遊玩，酒醉失足落水的，但也有人認為他頗有自殺的嫌疑；因為據說他能夠游水，不至於淹死的。周作人黯然良久，依稀中這位「離奇」的好友（魯迅語）又在腦海裡生動起來：

紹興軍政分府成立，恢復師範學生，那時是在民國改元以前，還稱「學堂」，委派魯迅為校長，愛農為監學，二人重復相會，成為好友。因為學堂在南街，與東昌坊相距不到一里路，在辦公完畢後，愛農便身著棉袍，頭戴農夫所用的卷邊毡帽，下雨時穿著釘鞋，拿了雨傘，一直走到裡堂前，來找魯迅談天，魯太太便為他們預備一點家鄉菜，拿出老酒來，聽主客高談，大都是批評那些呆蟲的話，老太太在後房聽了有時難免獨自匿笑，這樣總要到十點鐘以後，才打了燈籠回學堂去。⑨

范愛農是魯迅和周作人共同的摯友，對於他的死，兄弟倆都感到不同尋常的悲痛。他們分別寫下《哀范愛農》和《哀愛農先生》，以示哀悼。

五、寂寞的耕耘者

一九一二年這一年終於安然地過去了，「中華民國」這個新政權也居然立住了腳，但外面的世界仍然動蕩不安，充滿了危機——先是袁世凱竊取革命果實，企圖恢復帝制，旋又以失敗告終；接著又傳來宋教仁被暗殺的消息。這種白色恐怖當然以北京為最甚，紹興因天高皇帝遠，還不十分緊張，但也覺得黑暗時代會捲土重來，叫人漸漸有點喘不過氣來了。

在教育會裡，周作人除了編一份《紹興縣教育會月刊》和教英語外，實際上事情並不多，剩下的時間都用來讀書、著譯和研究了。由於技癢，他寫下了生平第一篇小說，題目叫《黃昏》，是以日本留學期間在伏見館的老朋友「法豪」爲原型，描寫他乖戾的性格和貓頭鷹似的呵呵的笑聲，周作人寫得很酣暢、痛快，但冷靜下來以後，卻感覺不滿意，所以修改、謄抄後，沒有寄出去。之後不久，他又寫了一篇《江村夜話》，反映農村富紳對農民的剝削和壓迫，表現出對農民命運的關注和同情，這一次寄出去了，很快發表在《中華小說界》一卷七期上。周作人在寫小說的時候，同時對「小說與社會」的關係有了新的認識，他這樣概括世界小說發展的趨勢：「其範圍亦轉隘，由普遍而爲單一，由通俗而化正雅，著作之的不依社會嗜好之所在，而以個人藝術之趣味爲準。」從這一表述中，可以看出周作人對於小說或文學的認識還是偏向於「個人趣味」的。

這時期周作人更爲用心的工作，還是翻譯。他不僅譯介了拜倫、謝甫琴柯、密支凱維支、薩夏、雪萊、裴多菲、海涅等詩人的作品，還首次系統地翻譯、介紹了希臘文學。他寫了《希臘女詩人》、《希臘之牧歌》，積極地向國內讀者介紹作爲西方文化發祥地的希臘文學。周作人竭力推介古希臘文化，顯然是有所考慮的，在他看來，希臘詩人們作品中所表現出來的遠古時代的希臘人的「自然的人性」之美，在現代中國是已經消失迨盡了，而這種自然狀態的人性美，卻是最爲周作人所傾心的。這些作品，周作人翻譯得非常辛苦，但在出版時卻遇到了意想不到的困難，幾經周折以後，才由《小說月報》社答應出版，並稱之爲「不可無一，不能有二」之作。周作人將近期譯著精選後，編成了《異域文談》一書出版，恰與以前的《域外小說集》交相輝映，成爲文學翻譯的「雙璧」。

從日本歸國，到後來去北京教書，周作人這次在紹興停留了前後七個年頭。浸潤在故鄉濃郁的鄉土風俗中，周作人不能不對本地文化投以深情一瞥。其實，周作人早在日本時就對鄉土文化發生了興趣，當他讀了日本柳田國男的《遠野物語》這本書後，就萌發了研究民俗學的念頭，尤其對柳田國男強調的「鄉土研究」，更使他懂得，普通老百姓生活的街頭巷尾裡，就有活生生的文化。現在當周作人習慣了周圍寂寞的環境，他就開始了對鄉土文明的探詢。

他的研究，是從紹興兒歌的搜集、整理開始。他首先回憶了自己熟悉的歌謠，又從能說擅唱的親戚、朋友那裡採集、記錄了許多，編成了一部兒歌集。他的收集有明確的取捨原則：一是言語；二是名物；三是風俗，所以在箋注時也著力於這三方面。由於這項工作是獨立完成，所以拖延很久，一九三六年周作人寫過一篇《紹興兒歌述略序》，至一九五八年九月才眞正完稿。與收集活動幾乎同時，周作人對兒歌的研究也在展開，他先後寫了《兒歌之研究》、《童話略論》、《童話之研究》和《古童話釋義》等文章，在兒童世界裡盡情地走了一遍。可以說周作人的兒童文學研究，開創了一個全新的領域。

周作人的另一個興趣是輯錄山陰、會稽籍的同鄉著作。據周作人日記，他是受魯迅收集、整理《會稽故書雜集》的啓發，開始這方面的工作的。後來他又轉而輯錄有關越地的古文獻，以《讀書雜錄》爲題在《紹興教育雜誌》分期連載，前後達一年之久。他後來說，這段時間盡心於收集先賢著作，實際是在慰自己的「懷舊之思」而已。

此時，又到了周作人該與故鄉紹興說再見的時候了。像魯迅一樣，周作人注定不會偏居在紹興一隅，而會在更廣闊的人生舞台上登場亮相。那麼他對於故鄉的感情究竟怎樣呢？

……總計我居鄉的歲月，一裏腦兒的算起來不過二十四年，住在他鄉的倒有五十年以上，所說的對於紹興有怎麼深厚的感情與了解，那似乎是很不可靠的。但是因爲從小生長在那裡，小時候的事情多少不容易忘記，因此比起別的地方來，總覺得很有些可以留戀之處。⑩

這一次，周作人是應北京大學校長蔡元培之邀，去該校任職的。此時，魯迅已經去北京任職多年，現在又在異鄉等待他的二弟來團聚了。

【註釋】

①周作人：《日本之再認識》。

②周作人：《知堂回想錄・六七・日本的衣食住》。
③周作人：《瓜豆集・東京的書店》。
④錢理群：《周作人傳》，第一二五頁。
⑤周作人：《知堂回想錄・八三・鄔波尼沙陀》。
⑥周作人：《知堂回想錄・八七・學日本語》。
⑦周作人：《知堂回想錄・八九・俳優》。
⑧周建人：《略談關於魯迅的事情》。
⑨周作人：《知堂回想錄・九四・范愛農》。
⑩周作人：《知堂回想錄・一〇三・故鄉的回顧》。

第三章　「新文學」健將

一、北京「紹興人」

這次北行，在周作人的一生中無疑是一次重大轉折——從個人來說，他終於擺脫了故鄉沉悶、令人窒息的社會環境，開始置身於具有濃厚政治文化氣息的故都北京，從而使自己的才性得到了更充分的發揮；對於中國現代歷史特別是新文化運動來說，它似乎也在物色時代的弄潮兒。而周作人注定會成爲照亮歷史瞬間的「巨子」。

對於遠赴北京，周作人也是心存矛盾的。想起先祖父周福清當了二十多年的「京官」，最後的結局卻是如此悲涼，他就不免倒吸一口涼氣。好在有大哥魯迅在前，而且他也確實有改變人生的想法，所以在從上海到北京的火車上，周作人雖然湧起過莫名的惆悵，但「越人皆有四方之志，不敢偷安家居」的信念，很快把那種消極心態抑制住了。

到了北京，一輛洋車把他拉到了紹興縣館。所謂紹興縣館，實際上是提供來北京應考的紹興考生住宿的公寓，有些在京候補的官員，也可以借住在那裡。在周作人到來之前，魯迅已在會館的補樹書屋住了兩個年頭。

補樹書屋是一個獨院，左右都沒有鄰居，只有前面是仰蕺堂，後邊是希賢閣，槐樹綠蔭掩映了整個小院，實在可喜。偏南一室原來是魯迅住的，周作人到北京後，他便讓了出來，自己另住到北頭那一間去了。魯迅對弟弟周作人，一直是關懷備至的。

補樹書屋比較清淨，正適合周氏兄弟讀書、著述。魯迅一人住在這裡的時候，飲食是很簡單的，周作人講究吃的藝術，所以兩人的伙食也有了改善，經常到胡同口外的一家有名飯館，叫幾個拿手好菜，如潘魚、沙鍋豆腐、三不粘、炸丸子、酸辣湯等，一享口福。住在幽靜的會館裡，總是很寂寞的，兄弟倆深夜捉貓的事，倒讓他們感到特別有趣：那麼舊的屋子裡，老鼠並不多見，但不知怎麼誰家的貓常來騷擾，往往叫人整夜睡不著覺。周作人的日記中就多處記著：「夜爲貓所擾，不能安睡。」後來魯迅和周作人開始出擊了，聽到貓聲便大怒而起，周作人搬了小茶几，在後檐下放好，魯迅站在上面操著一枝竹竿，使勁地痛打，把貓們打敗。可是過了一會兒，貓又回來了，於是倆人再打。這個情景，魯迅後來把它寫進了《朝花夕拾》中一篇講到貓的文章中。捉貓的事，彷彿又使兄弟倆回到了童年時光。

食宿問題解決以後，周作人便前往馬神廟北京大學，去拜訪蔡元培先生。不料前後去了三次，都沒有見到蔡校長。第三次拜訪回來，他正在空落落的房子裡發傻，有人送信來了，蔡校長約定明天上午十點來訪。第二天蔡校長登門回訪，先是熱烈地暢敘同鄉之情（蔡元培也是紹興人），後來則告訴他學期中間不能添開新課，還是暫且擔任點預科的國文作文課吧。周作人心裡很不樂意，決定在北京玩幾天，還是回紹興去。

然而，周作人還是留下來了。這裡恐怕與魯迅勸阻有關，另外，蔡校長也答應，讓周作人暫在北大附設的國史編纂處擔任編纂之職，月薪一二〇元，這在當時是一個不小的數目。總之，從四月十六日起，周作人便開始到北京大學上班了，地點是圖書館對面的一個獨立的小房子，蔡元培終於爲不久的五四新文化運動保留住了一員大將。

周作人到北京，正值張勳復辟的前夜，這是很不幸的事情，但也可以說是一件幸事，因爲經歷了這場風波，他由此深深感到中國的改革並沒有眞正成功，仍有思想啓蒙之必要。當時的社會情形是，袁世凱雖然死了，但換了一個全無能力的黎元洪做大總統，一切實權都在北洋軍閥手裡，而國務總理是段祺瑞——他正是袁世凱的頭號伙計，因此府(總統府)院（國務院）之爭，是無法避免的。在這場惡濁的政治爭鬥中，「黑馬」張勳率「辮子兵」進京來了，演出了一場復辟的醜劇。

在政治漩渦的中心北京，周作人第一回眞切地感受到政治是如何把每個人挾裹進去的：

「當初在紹興的時候，也曾遇見不少大事件，如辛亥革命、洪憲帝制等，但因處在偏陬，『天高皇帝遠』，對於政治事情關心不夠，所以似乎影響不很大，過後也就沒有什麼了。但是在北京情形就很不同，無論大小事情，都是在眼前演出，看得較近較眞，印象也就要深遠得多；所以復辟一案雖然時間不長，實際的害處也不及帝制大，可是給人的刺激卻大得多，這便是我在北京親身經歷的結果了。」①

周作人永遠也不曾忘記，七月一日那一天，魯迅起來得相當早，預備往琉璃廠去，會館長班的兒子進來說道：「外邊都掛了龍旗了！」於是空氣一下子變得沉悶起來。魯迅在教育界的一些朋友最初打算躲避別處，有的想南下，有的想去天津，魯迅雖辭去了教育部僉事的職務，以表明自己的政治態度，但因沒有資力逃難，只好與周作人一起在北京坐等。好在鬧劇沒有延續多久，「討逆軍」獲得了勝利，這復辟一案就此雲消雨散了。

張勳復辟事件雖然結束了，但留給魯迅和周作人的陰影卻揮之不去。一九二〇年九、十月間，當魯迅再次把回眸投向這段歷史的時候，那種憂慮和憤慨仍是如此強烈，他寫下了著名小說《風波》，以警醒社會和「逐漸遺忘」歷史的人們。

「風波」過後，北京又恢復了寧靜，北京大學也照常辦下去，到天津去避難的蔡校長也回來主持工作了。九月四日，周作人收到北京大學正式聘書，上面寫著：「敬聘周作人先生爲文科教授，兼國史編纂處纂輯員」，月薪初定爲二四〇元，隨後可以加到二八〇元。周作人擔任的課程是歐洲文學史和羅馬文學史，每門各三學時。這些內容都是周作人以前翻譯、研究過的，所以備課、上課並不感到吃力。在魯迅的幫助下，他還把講稿的兩部分合成一冊《歐洲文學史》，由商務印書館正式出版。這本書是周作人第一部學術著作，當然也成了他在高等學府「安身立命」的重要成果。

周作人後來曾感嘆，在北大這樣一個群星薈萃、人才輩出的地方立足，有多麼不容易！周作人作爲一個外來教員，要廁身於一批赫赫有名的各派人物中間，就更困難了，但是他通過自己的學術與教學活動，終於爲北大所承認，並最終成了「卯字號名人」。

所謂「卯字號」，最初是文科教員的預備室，一排平房，一人一間，後因許多著名人物如錢玄同、朱希祖、劉文典、沈尹默、馬裕藻，以及胡適博士等，每天都在這裡聚集，在北大就有了「卯字號名人」一說。衆所周知，北大名人的師承、經歷、主張並不一致，有的是復古派，如辜鴻銘、黃季剛；有的是留日派，如錢玄同、劉半農、周作人等；還有的則是英美派的紳士，如胡適，現在他們卻都被蔡元培「兼收並蓄」辦校理念吸引，一時會集到北大校園，並留下了許多爲後人津津樂道的逸事。

二、開新紀元

中國現代的新文化運動，是以《新青年》爲陣地的。有關這個刊物，周作人後來有這麼一個說明：

這裡第二位的名人乃是陳獨秀。他是蔡元培做校長以後所聘的文科學長，其時他還沒有什麼激進的主張，不過是一個新的名士而已，看早期的《青年雜誌》可當明瞭，及至雜誌改稱《新青年》，大概在民六這一年裡，逐漸有新的發展，胡適之在美國，劉半農在上海，校內則有錢玄同，起而響應，由文體改革進而爲對於舊思想之攻擊，便造成所謂文學革命運動，到了學年開始，胡適之劉半農都來北大任教，於是《新青年》的陣容愈加完整，而且這與北大也就發生不可分的關係了。②

在《新青年》的麾下，很快就聚集了北大教授爲主力軍的向舊思想開火的許多大將。一九一七年十月，胡適在《新青年》上發表《文學改良芻議》，堪稱文學革命的發難之作，名噪一時；緊接著，在同年二月號《新青年》上，陳獨秀發表了措辭強烈的《文學革命論》，表明了更堅定的文學革命立場，主張以革新文學作爲革新政治、改造社會之途；接下來有錢玄同和劉半農「唱雙簧」，一個喊出「選學妖孽，桐城謬種」，一個發表《我之文學改良觀》，提出改革韻文、散文，使用標點符號等許多建設性意見。這時，魯迅也打破了「沉默」，先是發表了關於「鐵屋子」的談話，隨後又創作了中國現代第一篇白話小說《狂人日記》，用實際行動開始了新文學創建。

此時，周作人也在醞釀，但他選擇的是中國現代文學革命的另一個突破口——徹底否定舊派人物梁啓超、林紓提出的「中學爲體，西學爲用」的文學主張，以希臘「古詩今譯」爲開端，大膽、無畏地將西方優秀文化盡量吸收，從而爲我國新文學提供範本。

周作人是以翻譯家身份登上五四文壇的，這一點與其他新文化運動的著名人物有很大不同。當時，他和魯迅提出了著名的「直譯」法，以爲「此後譯本應當竭力保存原作的風氣習慣語言條理，最好是逐字譯，不得已也應逐句譯，寧可『中不像中，西不像西』，不必改頭換面。」③儘管對於「直譯」法歷來褒貶不一，但周作人卻用自己的實踐證明了它的可行性。從一九一八年一月至一九一九年十二月間，周作人翻譯了俄國契訶夫、安特萊夫和波蘭顯克微支等許多作家作品，在五四時期產生了重大影響。

作爲一代思想啓蒙者，周作人不僅關注文學，有關婦女問題與性道德問題也始終是他最感興趣的問題。一九一八年五月十五日《新青年》四卷四號，發表了周作人的譯作《貞操論》，他借謝野晶子的觀點，「不僅宣布了以沒有愛情爲主要特徵的中國傳統婚姻的不道德性，而且公開承認了解除不合理的傳統婚姻關係的合道德性，從而確立了結婚與離婚自由的原則，這是被壓抑的、渴求解放的中國婦女的福音！這是一切在傳統婚姻枷鎖下痛苦掙扎著的中國人的福音！」周作人翻譯的《貞操論》一發表，立刻引起了思想界、文化教育界的強烈反響。胡適首先熱烈讚揚：「這是東方文明史上一件極可賀的事」。魯迅也發表《我之節烈觀》，大聲疾呼「要除去於人生毫無意義的苦痛，要除去製造並賞玩別人痛苦的昏迷與強暴，要人類都受正當的幸福。」雖然這是一篇譯作，但在「提倡新道德，反對舊道德」的五四文化革命中，其影響卻是至為深遠的。④

周作人的翻譯工作貫穿著一個重要的宗旨，即以人道主義精神為指歸的「人生的文學」。他在為翻譯作品集《點滴》所作的序言裡，曾將他的翻譯特點歸結為「直譯的文體」和「人道主義精神」，這種開放的眼光與寬容的心態，是以後時代的人很難企及的。後來錢玄同曾專門發表《關於新文學的三件事》的通信，文章在評價周作人的翻譯工作時說：「周啓明（周作人）君翻譯外國小說，照原文直譯，不敢稍以己變更。他既不願用那『達旨』的辦法，借外國人學中國人說話的調子；尤不屑像那『清室舉人』（林紓）的辦法，叫外國文人都變成蒲松齡的不通徒弟，我以為他在中國近年的翻譯界中，是開新紀元的。」

此時，新舊學派之爭已經到了白熱化的程度：「新派純憑文章攻擊敵方的據點，不涉及個人。舊派的劉申叔則只顧做他的考據文章，別無主張。另一位黃季剛乃專門潑婦式的罵街，特別是在講堂上尤其大放厥詞，這位國學大師的做法實在不足爲訓。」⑤也許是爲了鞏固新文化運動已有陣地，陳獨秀、李大釗、胡適等倡議出版《每周評論》，以側面呼應《新青年》。周作人很快寫就《人的文學》和《平民的文學》等，分別在月刊和周刊發表，引起了文壇極爲強烈的震動。又是胡適，用充滿激情的話語評價道：中國新文學運動的一切理論都可以包括在「兩個中心思想」裡面，「一個是我們要建立一個『活的文學』，一個是我們要建立一種『人的文學』」，而《人的文學》是「當時關於改革文學內容的一篇最重要的宣言」。

當我們回顧歷史，可以說周作人這兩篇文章的發表，是需要用濃筆重彩來描畫的歷史事件。正如大陸權威性的文學史著名《中國現代文學三十年》的評價：

周作人是「五四」時期最有影響力的理論先導者和批評家。周作人最突出的貢獻，是以「人的文學」來概括新文學的內容，標示新文學區別於舊文學的本質特徵。「人的文學」成爲「五四」時期文學的一個中心概念。在一九一八年底發表的《人的文學》這篇著名的文章中，周作人要求新文學必須以人道主義爲本，觀察、研究、分析社會「人生諸問題」，尤其是底層人們的「非人的生活」。……周作人將新文學的本質界定爲「重新發現『人』」的一種手段，根本目標在助成人性健全發展。一九一九年初，周作人又提出「平民的文學」的概念，實際上是「人的文學」的具體化。這些主張雖然有些抽象，但恰與「五四」時期個性解放的熱潮相合，所以有相當的代表性，對文學革命的推進起到很大的作用。

周作人因「開新紀元」的創造活動，終於在中國現代文學史上贏得了極高的聲譽。

三、「小河與新村」

一九一九年六卷二號《新青年》出版，該期以頭條位置發表了一首題爲《小河》的新詩，全詩有五十七行，開頭部分是這樣的——

一條小河，穩穩的向前流動。
經過的地方，兩面全是烏黑的土，
生滿了紅的花，碧綠的葉，黃色的果實。
一個農夫背了鋤來，在小河中間築起一道堰。
下流乾了，下流的水被堰攔著，下來不得。
不得前進，又不能退回，水只在堰前亂轉。水要保它的生命，總須流動，便只在堰前亂轉……

新詩作者署名「周作人」，令許多人都感到驚奇：周作人也會寫詩嗎？事實是周作人不僅寫過《小河》，還寫了《兩個掃雪的人》、《微明》、《路上所見》、《北風》、《背槍的人》等許多詩歌。他的新詩，以其別致的「用語體散文」來寫，擺脫了舊詩詞的「鐐銬」，從而引起了文壇廣泛的注意。他的新詩《小河》，曾被譽爲新文學運動以來最佳的詩作之一，對於中國新詩壇，也曾起了重要的啓示性作用。

詩歌是時代的風向標。《小河》一詩，抒寫的正是周作人因時代風暴即將到來引起的內心激蕩，一種期盼卻又夾雜著某種憂慮和苦澀的心情。他後來在《回想錄‧小河與新村》中說道：「大抵憂懼的分子在我的詩文裡由來已久，最好的例是那篇《小河》。」周作人「憂懼」或「憂慮」的心境，顯然與時代的氣氛有關。他的憂慮和迷惘，預示著一場大風暴又將來臨。

一九一九年五月四日，中國現代史上具有劃時代意義的「五四」學生運動爆發了。

當時，周作人正在東京。他是四月告假回紹興，決定將家小從紹興遷往北京（此時，周氏兄弟已從補樹書屋搬往北京八道灣新居）。夫人羽太信子已多年沒有回到日本，周作人打算全家四人先往日本東京團聚一次。他們還沒有來得及去逛上野公園，就從報紙上了解到北京爆發學生運動的消息。周作人趕緊回北京，但已經是五月十八日了，北大熱烈的氣氛依然沒有褪去。

一個月後，北京發生「六三事件」。這一次，周作人是親眼目睹的，他留下了這樣的記錄：「那一天下午，我在北大新造成的第一院，二樓中間的國文系教授室，那時作為教職員聯合會辦事室的一間屋裡，聽說政府捉了許多中小學生拘留各處，最近的北路便是第三院法科那裡，於是陳伯年、劉半農、王星拱和我四人一同前去，自稱北大代表，慰問被捕學生，要求進去，結果自然是被拒絕，只在門前站著看了一會兒。三院前面南北兩路斷絕交通，隔著水溝的東面空地上聚集許多看熱鬧的男女老幼都有，學生隨時被牢警押著送來，有的只是十三四歲的初中學生，走到門前，在門樓上的有些同學，便拍手高呼歡迎他們，那看熱鬧的人也拍手相應。」⑥這裡，周作人敘述得很冷靜，依然從容、溫和，但實際上內心裡卻很不平靜。晚上坐到家裡，回想白天的事情，又氣又喜：氣的是自己沒用，不能和警察說理；喜的是他看到了中國的「民氣」，認為反動政府對學生運動的無理鎮壓，使得民眾「了解並同情於革命，往往比運動本身更有效力」。於是他提起筆來，寫下了《前門遇馬記》。在親身經歷了「六三風暴」之後，周作人似乎去掉了風雨來前的「憂慮」，暫時露出了某些「金剛怒目」的一面。

「五四」運動漸漸平息了，學生又回到課堂上課。當一切都恢復往日的平靜以後，周作人又從塘沽出發去東京。在日本期間，他的最大的收穫是去石河內參觀「新村」——這「新村」是什麼呢？原來是一九一八年由日本作家武者小路實篤在九州日向買了幾畝地，建立的空想社會主義的實驗地，名之曰「新村」。可能是武者小路實篤的作品和思想曾引起過周作人的共鳴（周作人曾向中國讀者介紹過武者小路實篤的話劇《一個青年的夢》），也可能是個性相近、心心相印的緣故，如他們都有人生厭倦與悲觀的氣質，都對托爾斯泰理想充滿景仰，尤其佩服托爾斯泰晚年的「躬耕」等等，總之，周作人從日本歸國以後，就成了中國新村運動最積極的鼓吹者和組織者。

此刻，周作人似乎眞正找到了自己的「烏托邦」。他以空前的熱情與勁頭，到處做報告、寫文章。在所有的文章和演說中，他反覆強調一點：「新村的理想，簡單的說一句話，是人的生活」。而所謂人的生活應該是一種「和諧」、「互助」與「獨立」，「協力」與「自由」的調和，「人類」的「人」與「個體」的「人」的統一，既「盡了對於人類的義務，卻又完全發展自己個性。」⑦實際上，周作人的「新村」的理想，開出的只是一張「空頭支票」而已；他自己既沒有能力實行它，從理論來源上講，也不過是陶淵明式的「桃花源」的現代翻版而已。所以，在周作人興頭正足的時候，一向支持他的魯迅卻表現得十分冷淡，而胡適博士更是一針見血指出：周作人的「新村」「實在同山林隱逸的生活是根本相同的」。

四、忘卻塵世的「名師」

「五四」以後，周作人的社會活動和文學活動頗爲頻繁，他是在極爲忙碌中度過這不平凡的歲月的。

然而，一場大病又在他熱情高漲的時候不期而來。一九二〇年十一月二十三日，他積極參與籌備「文學研究會」，還起草了學會宣言；十一月二十六日，他又到北大同人開辦的孔德學校，做了一次題爲《兒童的文學》的講演。十二月二十二日傍晚，他還到歌謠研究會做了報告，晚上就覺得很是疲倦，並且有發熱、咳嗽症狀，二十九日到醫院診治，據說是肋膜炎，於是一下子便臥病大半年之久。

這期間，頭二個月是在家中養病，稍有好轉，後來因爲趕寫一篇稿子，病勢卻因而惡化，於是又在醫院住了兩個月，接著去西山碧雲寺般若堂療養，直到九月二十一日才下山回到家裡。這次大病，使本來受「五四」影響、熱血沸騰的周作人陡然冷靜下來，情緒又一次轉入低潮。

在臥病、休養這段時間裡，因爲生的是肋膜炎，多少和肺病有點關係，所以每到午後就熱度高了起來，晚間幾乎處於昏沉的狀態。這種感受在生理上十分不舒服，但說也奇怪，它卻誘發了周作人寫詩的情緒。在疾苦呻吟之中，他的感覺特別銳敏，常有詩情伴隨而來。周作人以前並不經常寫詩，但這段時間他的詩作卻異常的豐富。在病中，他寫過一首《過去的生命》，後來曾作爲詩集的題名，詩中這樣寫道：

這過去的我的三個月的生命，哪裡去了？
沒有了，永遠地走過去了！
我親自發現他沉沉緩緩的，一步一步的，
在我床頭走過了。
我坐起來，拿了一枝筆，在紙上亂點，
想將它按在紙上，留下一些痕跡——
但是一行也不能寫，一行也不能寫。
我仍是睡在床上，親自聽見他沉沉的，緩緩的，一步一步的，
在我的床頭走過去了。

雖然這場病已沒有生命危險，但周作人還是感到百無聊賴。詩中對「過去的生命」的留戀和迷惘，通通「沉沉的、緩緩的」意象曲折，含蓄地表達了出來。魯迅畢竟是周作人的

「知音」，每天黃昏時分，他總是滿頭大汗，夾著一藍布包的書，悄悄來到兄弟的床邊，然後拿起周作人剛剛寫完的詩作，默默地念了起來。念完後，兄弟倆都沉沒不語，過一會兒，魯迅說：「你的詩中，彷佛是在說我們的青春已走過去的樣子。」周作人微笑了，心想：魯迅實在太了解自己了。

周作人一邊在西山養病，一邊也在這「自由寬懈的日子」讀書、寫作，這看起來似乎安閑得很，但實際上他的內心裡很不平靜。他原來就神經衰弱，生病以後更甚，現在只要一看見報上登載社會騷亂、國事不寧的消息，就煩躁起來，幾乎處於發熱狀態。有一次，報上刊登一條新聞：由於政府積欠教育經費，北京各校教員舉行「索薪」遊行，北京大學教工在新華門前被軍警毆打致傷，但事後政府卻說是教員自己「碰傷」。周作人讀後，頓覺不愉快，於是用滑稽、調侃的筆法寫了一篇雜文《碰傷》。這篇文章的矛頭是直指政府的，但「我的這篇文章寫的有點彆扭，或者就是晦澀，因此有些讀者就不大很能懂，並且對於我勸阻向北洋軍閥請示的意思表示反對，發生了一些誤會。」⑧

這種「誤會」，或許能夠說明一些問題。有些讀者已經隱隱感到，這時候的周作人似乎已經從「五四」時期的激進態度中擺脫出來，越來越熱衷於托爾斯泰的無我愛、尼采的超人和「耶佛孔老」了。他不再為信仰而戰，卻已經是暫時忘卻塵世的歷史老人。他的文章也少了「五四」論戰的激情和鋒芒，變得越來越沖淡、晦澀，以致於瑣屑起來。他，難道是青年學生們敬仰的人生導師——周作人嗎？

周作人也在不斷考問自己，並尋找著答案。一九二二年一月廿二日，周作人終於在《晨報副鐫》上開闢專欄「自己的園地」，表明了自己新的選擇：他將堅持「獨立的藝術美與無形的功利」，「依了自己的心的傾向」，去種「自己的園地」。周作人的「宣言」表明，他已經由新文學主潮的帶頭人變爲自由的思想者，並日益背離了主潮；他的「自己的園地」的文學觀，實際上也成了他與「五四」思想伙伴分道揚鑣的理論確認。

周作人越來越難懂了，這似乎是文學思想界特別是青年學生共同的感覺，但並不影響他在人們心目中的地位。據錢理群《周作人傳》介紹，周作人與五四的「赤子」湖畔詩人的關係，即非常動人。一九二二年三月湖畔詩社建立之初，周作人就應汪靜之、潘漠華的要求寫了《介紹小詩集〈湖畔〉》的文章，還親自聯繫在《晨報》副刊刊登廣告。以後湖畔詩人應修人寫信給周作人：「我覺得你是十分可愛敬的而不是可敬愛的」，「你爲甚麼這麼和藹？——使未識面的人都深深地感著你那誠摯的仁慈的愛」。另一位現代文學史上的著名作家梁實秋，在《憶豈明老人》一文中回憶初次見到周作人的時候，也說「他的學養風度仍令人懷想而不能自己」——

我進入客廳，正值魯迅先生和一位寫新詩的何植三君談話，魯迅問明我的來意便把啓明先生請出見我。這是我第一次會見啓明先生。

我沒想到，他是這樣清癯的一個人，戴著高度近視眼鏡，頭頂上的毛髮稀稀的，除了上唇一小撮髭鬚之外好像還有半臉的胡子渣兒，臉色是蒼白的，說起話來有氣無力的，而且是紹興官話，我不知道我當時怎麼有那樣大的勇氣，沒有人介紹，逕自登門拜訪，請求他遠道出城講演……我麻煩他講演，他不以爲忤，而他一口答應下來，我也不以爲異，到了約定的那一天，他僕僕風塵的到了清華園。講題是《日本的小詩》，他坐在講壇之上，低頭伏案照看稿子宣讀，而聲音細小，坐第一排的人也聽不清楚，一個人只要有眞實學問，不善言詞也不妨事，依然受人敬仰，啓明先生便是一個實例。

梁實秋先生的回憶，從比較客觀的側面，給我們描畫了二〇年代「名師」周作人的形象。

五、愛羅先珂帶來的寂寞

周作人雖爲北大名教授，但他卻隱隱感到自己是在「唱獨角戲」，甚至是一個「多餘的人」。到了晚年，他仍對北大耿耿於懷：「平心而論，我在北大的確可以算是一個不受歡迎的人，在各方面看來都是如此，所開的功課都是勉強湊數的，在某系中只可算得是個幫閑罷了。我眞實是一個屠介涅夫小說裡所謂多餘的人，在什麼事情裡都不成功，把一切損害與侮辱看作浮雲似的，自得其樂的活著。」⑨

周作人的體認有幾分是眞實的？今天，我們當然已無法做出結論。不過，此時的周作人相當寂寞，像一隻孤獨的鶴在高空掠過，發出聲聲唳叫，卻是他眞實的精神狀態。雖然他受到青年學生的仰慕，由此找到了片刻的溫暖，但周作人仍然覺得這種情感是不牢靠的，甚至是短暫的。於是，他又埋下頭來，繼續在他的寫作和研究中追逐將會失去的「薔薇色的夢」了。

他的興趣點，仍然是關於神話，關於童話，關於兒童，關於婦女等領域。他的沉思，總是那麼悠遠、溫軟，如霧裡看花，還帶有某種神秘氣質；他的筆致越來越從容、隨意，猶如「閑談」，卻給人以無窮的閱讀趣味。大概「漸近自然」四字，可以用來形容當時的周作人了。

這時候，一位俄國盲詩人出現在周作人、魯迅的生活裡。他的到來，竟給周氏兄弟帶來如此深刻的影響，確在人們的想像之外。

這位盲詩人名叫愛羅先珂，世界語學者。由於當時人們有一種浪漫的思想，夢想世界大同，北京大學就邀請他擔任世界語教授。愛羅先珂是俄國著名的詩人，他寫的童話、戲劇，如《桃色的雲》、《池邊》、《春夜的夢》、《魚的悲哀》等，又經魯迅翻譯，在中國讀者中有很大的影響。愛羅先珂的經歷也頗引人注目：他到處漂泊，先後被日本、緬甸、印度等國政府驅逐，理由是他帶有無政府主義傾向。於是他帶著迷惘的心情，來到中國，先在哈爾濱，後又流落上海。正是因爲他那傳奇色彩的經歷和知名度，愛羅先珂的到來在中國知識界引起了轟動。蔡元培先生特聘他到北大教世界語，並把他安排在周氏兄弟家裡。

愛羅先珂最初到北大講演的時候，好奇的觀衆極多，講演會場猶如廟會一樣擁擠，這種情形只有胡適、魯迅，後來還有冰心女士登台的時候，才出現過。愛羅先珂善於演講，想像豐富，感情熱烈，不愧爲詩人兼革命家。他用世界語演說，周作人作翻譯兼嚮導，魯迅在繼續翻譯《愛羅先珂童話集》之外，也經常陪同他參觀，兼做翻譯。

愛羅先珂是一個世界主義者，但是他的鄉愁卻特別的深沉。他平常總穿著俄國式的上衣，尤其喜歡他的故鄉烏克蘭的刺綉小衫。他雖然很快就與周氏一家和諧相處了，但還是嫌北京的寂寞，即便在夏天的夜裡，也很少有昆蟲的叫聲，於是這位天性活躍的盲詩人就買了蛤蟆的蝌蚪來，放養在他窗外院子的小池裡。那池子本來是種荷花的，現在養了許多蝌蚪，引得周作人的孩子每天去逗弄。愛羅先珂還嫌不足，又慫恿孩子去買小雞、小鴨，都拿來養在院子裡。周家的院子，竟然成了動物世界。

然而，愛羅先珂的「寂寞的鄉愁」依然纏繞著他的靈魂。終於機會來了，一九二三年七月，第十四次萬國世界語大會在芬蘭召開，愛羅先珂開完會後，直奔故鄉而去，再也沒有回來。周作人理解他的心情，認爲：「愛羅君是世界主義者，他對於久別的故鄉卻懷著十分迫切的戀慕，這雖然一見似乎矛盾，卻很能使我們感到深厚的人間味。」他們倆人的心是相通的。

周作人在盼望愛羅先珂的回來，同時他自己的寂寞在一點一點地滋長著。或許，在周作人的自我意象中，他也是一個四處漂泊的流浪漢？不過他有一個家要他養活，不能像愛羅先珂那樣一無牽掛，自由自在。在獨自一人的時候，周作人不禁悲從中來：「我是怯弱的人，常感到人間的悲哀和驚恐。我在山上叫喊，卻只有反響回來，告訴我的聲音的可痛的微弱。我往何處去祈求呢？只有未知之人與未知之神了。」⑩此時，周作人有些顧影自憐，那麼一向是他精神支柱的大哥魯迅呢，人們卻驚奇地發現：在周作人的心目中，他的身影越來越淡了。

【註釋】

①周作人：《知堂回想錄·一一三·復辟前後》。
②周作人：《知堂回想錄·一二三·卯字號名人》。
③周作人：《漢字改良與禮教》，載《新青年》五卷六號。
④錢理群：《周作人傳》，第二〇五頁。
⑤周作人：《知堂回想錄·一二八·每周評論（上）》。
⑥周作人：《知堂回想錄·一二九·每周評論（下）》。
⑦周作人：《藝術與生活·日本的新村》。
⑧周作人：《知堂回想錄·一三六·西山養病》。
⑨周作人：《知堂回想錄·一三七·瑣屑的因緣》。
⑩周作人：《畫夢》。

第四章　「苦雨齋」老人

一、兄弟失和

一九二三年七月間，周作人和魯迅決裂。從此，「東有啓明（周作人），西有長庚（魯迅）」，兩星永不相見。

周氏兄弟失和，對於他們雙方來說，恐怕都是一輩子都無法撫平的傷痛。魯老太太曾對人說：「這樣要好的弟兄忽然不和，弄得不能在一幢房子裡住下去，這眞出乎我意料之外。我想來想去，也想不出個道理來。」

魯迅和周作人出現不可彌合的裂縫，直至今天仍是一個「謎」。但人們透過他們頗爲簡略、節制的敘述，以及他們雙方採取的策略，或許還能感受到其中隱藏的情感大風暴：

七月十四日，據魯迅日記：「是夜始改在自室吃飯，自具一肴，此可記也。」魯迅開始與周作人一家分餐；

七月十九日，魯迅接到周作人的一封信，上面寫著：「魯迅先生：我昨日才知道——但過去的事不必再說了。我不是基督徒，卻幸而尚能擔受得起，也不想責難，大家都是可憐的人間，我以前的薔薇色的夢原來都是虛幻，現在所見的或者才是眞的人生。我想訂正我的思想，重新入新的生活。以後請不要再到後邊院子裡來，沒有別的話。請你安心，自重。七月十八日，作人。」拿到信件後，魯迅寫了便條放在桌上，希望能與兄弟一見，但周作人拒絕見面。

七月二十六日，魯迅攜夫人朱安離開八道灣，暫遷磚塔胡同六十一號居住，後來又遷往西山條胡同新居。十個多月後，即一九二四年六月十一日，魯迅在日記中記道：

下午往八道灣宅取書及什器，比進西廂，啓孟(即周作人)及其妻突出罵詈毆打，又以電話招重久及張鳳舉、徐耀辰來，其妻向之述我罪狀，多穢語，凡捏造未圓處，則啓孟救正之，然終取書、器而出。

據說魯迅這次上門，曾遭到周作人夫婦圍攻，周作人竟拿起一尺高的獅形銅香爐向魯迅頭上打去，幸虧別人接住、搶開，才沒有擊中；魯迅也拿起一個陶瓦枕向周作人擲去，他們才退下了。①

原來情同手足、兄弟怡怡的魯迅、周作人，竟發展至「罵詈毆打」，簡直讓人無法相信。

但事情還是發生了，而且來得那麼突然。

俗話說：「清官難斷家務事」。周作人與魯迅交惡一事，眞是誰也說不清楚。我們不妨聽聽魯迅、周作人的三弟周建人的看法，他認爲兄弟分手，「不是表現在政見的不同，觀點的分歧，而是起源於家庭間的糾紛。」

周建人在《魯迅與周作人》一文中，這樣道出事情的來龍去脈——

在紹興，原來是由周作人母親當家的，到北京後就由周作人之妻當家。日本婦女素有溫順節儉的美稱，卻不料周作人碰到的卻是個例外——羽太信子並非出身富家，可是氣派極闊，揮金如土。家中雇有管家、燒飯司務、東洋車夫、打雜採購的男僕數人，還有收拾房間、洗衣、看孩子的女僕三人。更奇怪的是，她經常心血來潮，有時飯菜燒好了，忽然想起要吃餃子，就把一桌飯菜退回廚房，司務趕快另包餃子；被褥用了一、兩年，就賞給男女佣人，自己全部換過。這種種花樣層出不窮，魯迅不僅把自己每月的全部收入交出，還把多年的積蓄賠了進去，有時還到處借貸，至到夜裡寫文章沒有錢買香煙和點心的地步。魯迅曾感嘆地說：他從外面步行回家，只見汽車從八道灣出來或進去，急馳而過，濺起他一身泥漿，或撲上滿面塵土，他只得在內心感嘆一聲，因爲他知道，這是孩子有病，哪怕是小病，請的外國醫生，這一下又至少是十多塊錢花掉了。

但周作人對他的妻子的揮霍，不敢講半句不是。因爲在辛亥革命前後，他攜家眷回國居住在紹興時，他們夫婦有過一次爭吵，結果女方歇斯底裡症大發作，周作人發愣，而他的舅子、小姨都指著他破口大罵，從此他不敢再有絲毫得罪，相反自己卻受到百般的欺凌虐待，甚至被拉著，要他到日本大使館去講話。周作人只求得有一席之地，可供他安穩地讀書寫字，對一切都抱著息事寧人的態度，逆來順受。

魯迅待人以誠，卻不像周作人那樣好奴役，對不合理的事就會起來反對。這樣，他就不免受到各種折磨和打擊。魯迅是愛孩子的，當時他還沒有自己的孩子，經常會買了糖果給周作人的小孩，羽太信子看見了，不讓小孩拿，還把糖果扔掉。魯迅不禁充滿感慨：「好像窮人買來的東西也是髒的，這時候使我想起『寂寞』這個詞來。」魯迅還聽到羽太信子這樣呵斥孩子：「你們不要到大爹的房裡去，讓他清冷煞！」孩子是天眞的，不明白什麼叫「讓他清冷煞」，不免仍要到魯迅的房裡去，於是，這一切又是魯迅的罪過。

從周建人以及許多與周氏兄弟關係密切的親友回憶中，我們漸漸清楚，在周作人與魯迅失和的事件中，羽太信子擔當了不光彩的角色。魯迅與周作人的共同好友許壽裳曾說：「作人的妻羽太信子是有歇斯底里性的。她對於魯迅，外貌恭順，內懷忮忌；作人則心地糊塗，輕信婦人之言，不加體察。我雖竭力解釋開導，竟無效果。」②那麼，許壽裳所謂「婦人之言」是指什麼呢？據周氏兄弟的好友章廷謙說：「事情的起因可能是，周作人老婆造謠說魯迅調戲她。周作人老婆對我還說過：魯迅在他們的臥室下聽窗。其實這是根本不可能的，因爲窗前種滿了鮮花。」他又補充說，魯迅和周作人吵架「主要是經濟問題。她（羽太信子）揮霍得太痛快。」③

不管怎麼說，這是一起說不清、道不明的「無頭案」，而且周作人和魯迅對此事也都保持沉默，不著一字。

這種難奈的僵持局面，給雙方帶來的都是揪心般的痛苦與憤怒。但分手以後，魯迅似乎更念及兄弟之情，他常對人說：「八道灣只有一個中國人了。」周建人還回憶說：

魯迅對周作人愛護關懷備至，比兄弟之情更深沉，這恐怕還因爲魯迅極愛惜人才。有一次，周作人的一部譯稿交給商務印書館出版，編輯正在處理，魯迅說：「莫非啓孟的譯稿，編輯還用得著校嗎？」我說：「那總還是要看一遍的吧！」魯迅不作聲了。

魯迅沒有講過周作人的不好，只是對周作人有一個字的評價，那便是「昏」，有幾次對我搖頭嘆氣，說：「啓孟眞昏！」他在給許廣平的信（一九三二年十一月二十日）中，也說：「周啓明頗昏，不知外事……」

那麼，周作人對兄弟失和究竟是怎樣看的呢？他似乎更被一種「上當受騙」感折磨著，始終對魯迅心存芥蒂。只是到了晚年，他終於有些明白：在魯迅和自己的日本化的家庭之間，誰是眞正關心自己的人。晚年的周作人與三弟周建人有這樣一段對話，似乎深有意味：

周作人頗爲淒涼地說：「抗戰開始後，你曾寫信勸我到上海。」

周建人回答：「是的，我曾經這樣希望過，也是大哥魯迅生前叫我這樣做的。」

沉默了一會兒，周作人說：「我豢養了他們(指羽太信子一家子)，他們卻這樣對待我。」

周作人那時才知道，他名義上是八道灣的主人，其實早已是別人剝削的奴隸了。

然而，他的悔悟來得太遲了，往事如煙，已無法追回。當然，這都是後話。

二、從大潮中退隱

周作人與魯迅訣別，一定程度上也標誌著他與社會、時代的告別。如今，薔薇色的夢已經消失，「夢想家與傳道者的氣味漸漸地有點淡薄下去了」，於是他的愛好只剩下兩個：生活與藝術。

這時候，藹理斯的話時常在他的耳邊響起。周作人早就說過：「藹理斯是我所最佩服的一個思想家」。他也承認，他的「把生活當作一種藝術，微妙地生活」的生活之藝術，也是從藹理斯那兒得到了啓示，從而形成了自己的人生理念。他特別欣賞藹理斯的一句話：「生活之藝術，其方法只在於微妙地混合取與捨二者而已。」如何做到「微妙地混合」，他後來又進一步歸結爲「忙裡偷閑，苦中作樂」，「在不完全的現世享樂一點美與和諧，在剎那間體會永久」。④周作人以爲，他已經感悟了生活的全部眞諦。

周作人終於在經歷了一段心路彷徨的苦惱以後，找到了自己的心靈歸宿。這是一種大雪無痕般的人生意趣，裡邊充滿了將近不惑之人才能體會的快樂。此時的周作人，開始以「美文」、小品文馳名天下，成爲中國現代散文的第一大家。

他在《雨天的書．序》中，用詩一般的語言寫道：

今年冬天特別的多雨，因爲是冬天了，究竟不好意思傾盆的下，只是蜘蛛似的一縷縷的灑下來。雨雖然細得望去都望不見，天色卻非常陰沉，使人十分氣悶。在這樣的時候，常引起一種空想，覺得如在江村小屋裡，靠玻璃窗，烘著白炭火鉢，喝清茶，同友人談閑話，那是頗愉快的事。不過這些空想當然沒有實現的希望，再看天色，也就愈覺得陰沉，想要做點正經的工作，心思散漫，好像是出了氣的燒酒，一點味道都沒有，只好隨便寫一兩行，並無別的意思，聊以對付這雨天的氣悶光陰罷了。

冬天是不常有的，日後不晴也將變成雪霰了。但是在晴雪明朗的時候，人們的心裡也會有雨天，而且陰沉的期間或者更長久些，因此我這雨天的隨筆也就常有續寫的機會了。

我們幾乎是全文摘抄了這篇序言，因爲它足以顯示周作人小品散文的特色：清淡、簡潔、閑中有趣。在現代中國作家中，我們確實還很難找到第二個人能夠寫出如此清淡的小品文字。我們也感到幸運，中國的文壇因有了周作人這位散文藝術家之後，我們才有機緣與他坐在一起，一口一口地啜著清茗，看看院子裡花條蝦蟆戲水，聽他談「故鄉的野菜」，「北京的茶食」，二十年前的江南水師學堂和清波門外的楊三姑一類的故事，這莫不是人生最大的解脫和享受？

魯迅說過，周作人是中國新文學史上最大的散文家。那麼，他的散文究竟好在哪裡？我們不妨略作分析。

首先是平淡，感情上的淡化。關於初戀的回憶，通常總是濃濃的，描寫初戀的姑娘總是美的，周作人回憶他的初戀卻說：「自己的情緒大約只是淡淡的一種愛慕」，他回憶初戀的姑娘：「彷彿是一個尖面龐，烏眼睛，瘦小的身材，而且有尖小的腳的少女，並沒有什麼殊勝的地方」，結尾說到那姑娘死於霍亂的噩耗，他寫道：「我那時也覺得不快，相信她的悲慘的死相，但同時卻又似乎很是安靜，彷彿心裡一塊大石頭已經放下了。」是一種平凡人的淡淡的情愫。

其次是「愛好天然，崇尚簡素」。這是周作人讚賞日本人的話，同樣適用於對他的散文的評價。「薺菜是浙東人春天常吃的野菜，鄉間不必說，就是城裡只要有後園的人家都可以隨時採食，婦女小兒各拿一把剪刀一只『苗籃』，蹲在地上搜尋，是一種有趣味的遊戲的工作。那時小孩們唱道：『薺菜馬蘭頭，姊姊嫁在後門頭』。」文字自然優婉，清淡而不寡淡，簡素卻又腴潤。

再次，閑談娓語，親切溫暖。周作人最擅談天，知情知理：「人世的快樂自然是很可貪戀的，但這似乎只在青年男女才深切的感到，像我們將近『不惑』的人，嚐過了凡人的苦樂，也就不覺得還有捨不得的快樂。我現在的快樂只想在閑時喝一杯清茶，看點新書……」完全是智者敘談，高雅淨潔，無半點教訓人的態度。

當然這一切，都是以他的「雜學」、博識爲背景的。很難想像，一個知識貧乏的人能說出那麼多有意思的話。有些人想學周作人，但搜腸刮肚就這麼幾句叨咕，當然不會有周作人散文的氣象和風度。

周作人在小品文裡眞正找到了自己。從一九二四年左右起，他把寫作重點轉向小品文，一九二六年，他正式宣佈不再寫長篇論文，「我以後只想作隨筆了」。

從二〇年代中期起，中國現代散文園地空前活躍起來。尤其是一九二四年，周作人、魯迅、錢玄同、林語堂、孫伏園、川島等發起、組織了語絲社，提倡現代散文創作，以此展開社會批評。同年十一月，以發表散文爲主的《語絲》創刊。《語絲》面世後，受到社會廣泛注目，一直到一九三〇年三月十日終刊爲止。

《語絲》以散文爲主，雜文、隨筆之類的文章最多，並且漸漸地形成了獨特的風格，時人稱爲「語絲體」。當時，語絲社同仁曾對「語絲體」展開過討論，話題是由孫伏園提出的，他指出《語絲》「四五十期來形成一種《語絲》的文體」。僅隔半個月，周作人即撰文《答伏園論「〈語絲〉的文體」》，對「語絲體」的特點進行了概括，指出：「我們的目的只在讓我們可以隨便說話。我們的意見不同，文章也各自不同，所同者只是要不管三七二十一地亂說。」他又說：「大家要說什麼都是隨意，唯一的條件是大膽與誠意。我們有這樣的精神，便有自由討論之資格；辦一個小小周刊，不用別人的錢，不說別人的話。」周作人突出了「語絲體」的兩個品格，一是作者「大膽與誠意」，二是「不說別人的話」。這和周作人在《美文》中對現代散文的規範「須用自己的文句與思想」，以及在《〈自己的園地〉舊序》中說的「自己覺得要說時便可以大膽地說出來，因爲文藝只是自己的表現」的思想是一脈相承的。

在《語絲》辦刊過程中，周作人一直是積極參與者。尤以在《語絲》第五期上，他發表《女褲心理之研究》最爲驚世駭俗。他從人們的「忌諱」開始他的批判，認爲某教育聯合會鄭重通過的女學生制服「袖必齊腕，裙必及脛」的決議案，是教育會諸公畏懼肘膝的蠱惑力，「怕窺見人家而心蕩神搖」。他還緊緊抓住鼓吹禁欲主義、性不淨觀的假道學不放，進一步用文化人類學、性道德觀念變遷史等現代科學知識論證封建禁欲主義的反科學性。周作人的思想在當時簡直是稀世之音，無疑是超越了他的時代的。

多年來，他一直對中國人「非禁欲即是縱欲」的觀念大加撻伐，同時又在呼喚一種「新的兩性觀念」，這時候的周作人似乎並沒有忘卻現實。他一生都彷徨於出世與入世之間，這又是一種怎樣的痛苦呢？

三、「兩個鬼」

周作人最願意過的生活，當然是喝著苦茶，聽著細細雨聲，在八道灣的書齋裡讀書、著述或與人聊天。但事與願違，外面吹刮的往往並非和風細雨，而是「愁煞人」的秋風秋雨。作爲五四新文化運動以來的名人，周作人想避開外界的干擾，恐怕也不得安靜——他自覺或不自覺地，一再被捲入時代的漩渦中。

女師大（北京女子師範大學）反對校長楊蔭榆的風潮，發生於一九二四年秋天。起因是原來的校長許壽裳辭職後，推荐從美國留學回來的楊蔭榆繼任。許壽裳以爲，辦女校最好用女校長，而楊女士是來自大教育家杜威的家鄉，她的教育觀念一定是很進步的。誰知楊蔭榆校長雖留洋多年，但思想卻出奇的陳舊，在學校裡，她以婆婆自居，把學生們看作是一群童養媳，於是學生中便開始醞釀反楊風潮，漸有趨於決裂的態勢。

當時，周作人在女師大兼課。有位學生自稱是中立派，請求周作人代爲斡旋，說只要校方答應換掉校長，風潮便自可平息。周作人抱著息事寧人的態度，一方面當即把學生此意轉告教育部，另外又寫文章勸告女師大學生自治會六位被開除的學生，說學校當局固然可憎，「同學的義憤也不可久持」，不如見好就收，大可不必做群衆運動的犧牲品。

然而事情還是鬧大了。一九二五年八月一日，楊蔭榆帶兵回校，企圖以武力威脅、驅逐學生。周作人覺得再也不能沉默，終於挺身而出，列名於魯迅起草的《對於北京女子師範大學風潮宣言》，並公開點名道姓地指出：「秋桐總長（即章士釗）對於這回女師大事件決不能逃責」。據研究者分析：周作人捲入學潮中，並不全由於對學生的同情，主要是對章、楊的反感，即他們鎮壓學生的手段太卑鄙、惡劣，特別是章士釗出言輕薄，侮辱女性人格，更使周作人難以容忍。周作人在給朋友的信中明確指出：「我現在對於學問藝術沒有什麼野心，目下的工作是想對於思想的專制與性道德的殘酷加以反抗，明知這未必有效，更不足以救中國之亡，亦不過行其心之所安而已。」⑤

周作人的話，實際上說出了自己的「底線」，就是說他的「不介入」，是以不妨礙他所追求的思想自由爲原則的，超出了這條「底線」，那麼他不能不站出來發表意見。

女師大學潮風起雲湧的時候，周作人原來的朋友陳源卻在《每周評論》上發表「閑話」，擺出紳士的面孔，冷言冷語說道：「北師大風潮……有某籍某系的人在暗中鼓動。」周作人聽出了話外音，陳源們是針對他的，而且「大有挑唆北洋軍閥政府來嚴厲壓迫女師大學生的意思」，於是他決心與這幫「紳士朋友們」徹底決裂，不惜擺出街頭辱罵的「流氓鬼」的姿態。

他後來說過，在青年時，他本來很可能淪爲紹興十字街頭的「流氓」的，只不過讀了點聖賢書，才搖身一變成了紳士，但「以開店而論，我這店是兩個鬼平開的，而其股份與生意的分配，究竟紳士鬼還只居其小部分。所以去和道地的紳士們周旋，也仍舊是合不來。有時流氓鬼要露出面來，結果終於翻臉，以至破口大罵；這雖是由於事勢的必然，但使我由南轉北，幾乎作了一百八十度的大回旋，脫卻紳士的『沙龍』，加入從前那麼想逃避的女校，終於成了代表，與女師大共存亡，我說命運之不可測就是如此。」⑥這眞是一個唐吉珂德式的周作人了。

那麼，周作人對他心中的「兩個鬼」是怎麼勾畫的呢？

這是一種雙頭政治，而兩個執政還是意見不甚協和的，我卻像一個鐘擺在中間搖著。有時候流氓占了優勢，我便跟了他去彷徨，什麼大街小巷的一切隱秘無不知悉，酗酒，鬥毆，辱罵，都不是做不來的，我簡直可以成爲一個精神上的「破腳骨」。但是在我將眞正撒野，如流氓之「開天堂」等的時候，紳士大抵就站出來高叫「帶住，著即帶住！」說也奇怪，流氓平時不怕紳士，到得他將要撒野，一聽紳士的吆喝，不知怎的立刻一溜煙地走了。可是他並不走遠，只在街頭街尾探望，他看紳士領了我走，學習對淑女們的談吐與儀容，漸漸地由說漂亮話而進於擺臭架子，於是他又趕出來大罵道：「你這混帳東西，不要臭美，肉麻當作有趣！」這一下子，棋又全盤翻過來了。而流氓專政即此漸漸地開始。

周作人在《兩個鬼》一文中，深刻地解剖了自我，活現出兩個「鬼」在他心中衝突搏鬥的情形。後來周作人還在多種場合說：「如果我當了皇帝，說不定也會殺人。」他沒有做皇帝，當然無法驗證，但我們終於知道：他那一團和氣，以溫厚的態度對人，甚至從不大聲說話的「紳士」相，其實也只是他的一面，現在，當他與「眞的紳士們」吵鬧，他的殺性就暴露出來了。有人說，寫《雨天的書》的周作人是淡泊、溫厚的周作人，而寫《談虎集》的周作人則是劍拔弩張的周作人。

或許，人就是這樣複雜。

這樣，我們有機會看到了周作人的「全人」。

女師大風潮的結果，最後以「解散女師大，改辦女子大學」而告終。八月十三日，教育部召開家長會議，無非是讓學生家長管束學生，服從命令的意思。輪到家長發言的時候，當時到場二十多人，沒有一人出來講話，這時周作人作爲一位學生的保證人，卻站起來發言，對教育部的處理決議表示反對，緊接著又有幾個人響應。章士釗見狀，匆匆離席而去。

以後，就有教育司長劉百昭率領老媽子隊伍，開赴石駙馬大街，把女學生拖拉出校，在原址開設國立女子大學一幕，然後就是一九二六年發生的「三・一八」慘案。對於慘案，八十高齡的周作人的腦海裡還記著這一幕：青年學生受害的第二天，那天下著小雨，鐵獅子廣場上還躺著好些屍體，身上蓋著一層薄雪。這是北京早春的一次特殊的雪景。

這時，周作人也只能搖頭嘆息了。

四、烏篷船扯起的鄉愁

二十年代的中國，其時局可以用「天下大亂」一詞來形容。軍閥混戰，學生運動，新舊之爭等等，都使欲拒還迎、欲罷不能的周作人感到心力交瘁。他又回想起剛剛過去的那個早春，於是他懷著某種寂寥的心情，竟然自己給自己寫起信來，便是那篇著名的《烏篷船》，它所勾起的鄉情的漣漪至今還在讀者的心中蕩漾：

你坐在船上，應該是遊山的態度，看看四周物色，隨處可見的山，岸旁的烏桕，河邊的紅蓼和白蘋，漁舍，各式各樣的橋，困倦的時候睡在艙中拿出隨筆來看，或者沖一碗清茶喝喝，偏門外的鑒湖一帶，賀家池，壺觴左近，我都是喜歡的，或者往婁公埠騎驢去遊蘭亭，到得暮色蒼然的時候進城上都掛著薜荔的東門來，倒是頗有趣味的事。倘若路上不平靜，你往杭州去時可於下午開船，黃昏時候的景色正最好看，只可惜這一帶地方的名字我都忘記了，夜間睡在艙中，聽水聲櫓聲，來往船隻的招呼聲，以及鄉間的犬吠雞鳴，也都很有意思。雇一隻船到鄉下去看廟戲，可以了解中國舊戲的眞趣味，而且在船上行動自如，要看就看，要睡就睡，要喝酒就喝酒，我覺得也可以算是理想的行樂法。

這是多麼具有詩情畫意的人生風景！但寫這篇《烏篷船》時候的周作人，卻感到的是無盡的寂寞。於是在故鄉的山水之間神遊，成了他心靈的解脫。

在北大，周作人除了講《歐洲文學史》，現在又多了一門《明清散文》。一九二二年起，他還到燕京大學擔任現代文學組的主任，一九二五年又應沈尹默的邀請，到教禮德中學兼任國文教師。初來北京時，他最不肯擔任的就是國文課，現在也教起來了，這令他自己也感到可笑。

從什麼時候開始，周作人有「苦雨齋老人」或「苦雨翁」的美名？似乎現在已不可考了。但說到苦雨翁，就不能不說到苦雨齋，彷彿正是這樣一間苦雨齋裡，就該住著一位苦雨翁似的。讓我們看一看周作人的「苦雨齋」——

八道灣在北京的西城，是名符其實的一條彎曲的小巷。進門去，多半個院子積存著雨水，這大概就是「苦雨齋」的由來了；院子裡種著各種樹木，留著的四條甬道也被樹蔭遮著，枝頭的花朵會拂著行人的頭。中間的正房便是苦雨齋。

那正房是一明兩暗，明間是書庫，橫列著一人多高的幾隻書架，中西書籍雜陳，但很整潔。右面一個暗間房門虛掩，左面一間顯然是他的書房，有一塊小小的鏡框，題著「苦雨齋」三字，是沈尹默先生的手筆，一張龐大的柚木書桌，上面有筆筒硯台之類，清清爽爽，一塵不染，此外便是簡簡單單的幾把椅子了。照例有一碗清茶端給客人，茶具是日本式的，帶蓋的小小茶盅，小小的茶壺有一隻藤子編的提梁，小巧而淡雅。永遠是清茶，淡淡的青綠色，七分滿，房子是最普通的北平式的小房子，可是四白落地，几淨窗明。

周作人就是在這裡翻檢古書，吟咏俳句，寫他的冷雋、沖淡的雜文小品。

周作人沒有政治活動，沒有政治色彩，沒有政治野心，但如今苦雨齋之外正是「亂世」，你即使要躲避政治，它可能也會找上門來。因此，周作人認爲在這樣的世道中，「苟全生命是第一要緊」，爲此他提出了著名的「閉門讀書論」。於是苦雨齋成了他寄情詩酒，悠然自得的「桃花源」。

但是他的心情不能不受潮流的激蕩而起一些漣漪，他覺得這正是「凡人的悲哀」。

一九二九年十一月二十日，周作人會永遠記得這個日子，他的十五歲的愛女若子離他而去了。這個打擊，對周作人來說幾乎是致命的。

有關若子，周作人曾先後寫過《若子的病》、《若子的死》兩篇文章，但都沒有描寫若子的肖像。周作人的學生碧雲在《周作人印象記》一文中，卻給我們留下了一位可愛的少女形象：「我看到從南屋走出來的一個十五六歲模樣的小姑娘，圓大的眼睛，窈窕的身材，美麗的面孔，配著活潑的步伐，沉靜的態度，更顯得她是個善感多思的熱情女郎……我想她一定是很可愛的，看她穿的樸素的衣裳，就知她絕沒有染上『摩登』的惡習。」若子給人們的印象是美好的。

若子死後，周作人很長一段時間處於痲木狀態，腦子裡經常回想起女兒的事情。他記得若子曾寫過一篇《晚上的月亮》：「晚上的月亮，很大又很明。我的兩個弟弟說：『我們把月亮請下來，叫月亮抱我們到天上去玩。』月亮給我們東西，我們很高興。我們拿到家裡給母親吃，母親也一定高興。」當時，周作人讀著這篇短文，忽然想起六歲時死亡的四弟椿壽，他曾在死前兩三天，也是固執地向女佣追問天上的情形，雖然他知道這都是迷信，但不能不使他全身冰冷起來。

若子患的是盲腸炎，而醫生卻誤診為胃病，三天後複診認為是盲腸炎，送往德國醫院割治，已併發腹膜炎。臨死前，若子抱著母親的頭頸，低聲說：「媽媽，我不要死！」然而還是死了。「吁！可傷已。」⑦

雖然周作人聲稱自己是唯物主義者，但出於悲悼，他仍然為若子設祭棚，請僧人放焰口、誦經，以後每年忌日都有誦經活動，從不間斷。他還在苦雨齋的炕(北方屋子裡都有炕)上，掛上一個很美麗的燈籠，正中懸著若子的肖像，可見他對愛女的死有多悲痛。即使這樣，仍不能平息周作人內心的痛苦，十二月一日、二日，他還連續在《世界日報》上大登廣告，將若子之死歸罪於山本忠孝大夫誤診。這時候的周作人似乎已失去理智了。

的。

五、五十自壽詩

也許是爲了沖淡傷痛的記憶，在以後的數年裡，周作人幾乎是在極爲忙碌的耕耘中度過

一九三〇至一九三一年，以周作人所住的八道灣苦雨齋爲中心，逐漸形成了一個文藝圈子，主要人物有周作人、徐祖正、俞平伯、廢名、馮至、梁遇春等，《駱駝草》是他們的主要陣地。這一年，他寫了《三禮贊》、《草木蟲魚》、《志摩紀念》、《專齋隨筆》、《村裡的戲班子》等散文，周作人把它們看作是「韜晦之作」，頗能說明他當時的心境。

一九三二年二月起，周作人應沈兼士之邀，到輔仁大學先後作了八次演講，後經記錄整理，匯成《中國新文學的源流》一書。後來，錢鍾書先生對它有一個深刻評價，認爲這本書是「富有思古之幽情」的周作人，與明末文學革命運動的一種「曠世相感」，並進而指出在周作人這一代知識分子身上，明朝名士的「隱逸氣」又一次復活了。

事實上，周作人也極爲喜歡那種在書齋喝茶、做事的隱逸生活。到他家串門的朋友和學生都知道，周作人給人們的感覺似乎永遠是坐在靠窗的桌子旁，桌子上放著一本書。他每天堅持寫作，幾乎天天要動筆，說是沒有別的事可做，不讀不寫就悶得慌。

他做事勤而認眞。據他的學生張中行先生《苦雨齋一二》回憶：「比如他喜歡瀏覽中國筆記之類的書，我曾聽他說，這方面的著作，他幾乎都看過。有一次巧遇，我從地攤上買到日本廢性外骨的《私刑類纂》，內容豐富，插圖幽默，很有趣，後來閑話中同他談起，他立即舉出其中的幾幅插圖，像是剛剛看過。還有一次，談起我買到藹理斯的自傳，他說他還沒見過，希望借給他看看。我送去，只幾天就還我，說看完了。」說起認眞，也許周作人受魯迅先生的影響，他對很瑣屑的小事也是一絲不苟，例如他的書籍，總是整整齊齊的；給人寫信，八行信箋用毛筆寫，總是最後一行署名，恰好寫滿；用紙包書付郵，一定棱棱角角；甚至友人送個圖章，他也要糊個方方正正的紙盒，把圖章裝在裡面。

人到中年，周作人就這樣平平靜靜的過著。

然而，風波又起。一九三四年四月五日，新出版的《人間世》創刊號，赫然刊登了周作人的《五秩自壽詩》，並配以他的巨幀照片，同期還發表了沈尹默、劉半農、林語堂《和豈明先生五秩自壽詩原韻》。經過編輯這一番精心渲染，周作人的五十自壽詩果然轟動一時，竟至滿城爭誦。詩中寫道：

前世出家今在家，不將袍子換袈裟。

街頭終日聽談鬼，窗下通年學畫蛇。

老去無端玩骨董，閑來隨分種胡麻。
旁人若問其中意，且到寒齋吃苦茶。

半是儒家半釋家，光頭更不著袈裟。
中年意趣窗前草，外道生涯洞裡蛇。
徒羨低頭咬大蒜，未妨拍桌拾芝麻。
談狐說鬼尋常事，只欠工夫吃講茶。

這首詩發表後，叫好者有之，但更爲尖囂的卻是批評的聲音。在那些更爲激進的年輕一代看來，「五四」健將周作人已墮落爲「談狐說鬼」，厭世冷觀的在家和尙了。巴人甚至寫了一首打油詩，諷刺那些「自捧」和「互捧」的名人們：「幾個無聊的作家，洋服妄稱袈裟。大家拍馬吹馬屁，直教兔龜笑蟹蛇。」又云「飽食談狐兼說鬼，群居終日品煙茶」。總之，在他們看來，周作人談狐說鬼就是逃避現實，而逃避現實就是「背叛五四傳統」；他們甚至有了某種上當受騙的感覺，認爲青年心目中的導師，不過是一個「古老的幽靈」而已。

周作人沒有想到，一首小詩竟然招致如此尖銳的批評，不禁淒然淚下。

在他獨嚐人間苦味，甚至有人投石下井的時候，還是大哥魯迅最理解自己。他在給曹聚仁的信中替周作人辯解道：「周作人自壽詩，誠有諷世之意，然此種微詞，已爲今之青年所不憭，群公相和，則多近於肉麻，於是火上添油，遽成衆矢之的。」又在給楊霽雲的信中說：「至於周作人之詩，其實是還藏些對於現實的不平的，但太隱晦，已爲一般讀者所不憭，加以吹擂太過，附和不完，致使大家覺得討厭了。」

周作人後來在寫回想錄中，再三引用魯迅這些話，雖然是以魯迅爲自己作辯解，但總算有些明白，魯迅還是了解自己的。他曾感嘆道：「對於我那不成東西的兩首歪詩，他卻能公平的予以獨自的判斷，特別是在我們失和十年之後，批評態度還是一貫……所以他這種態度是十分難得也是很可佩服的。」⑧然而，周作人畢竟悔悟得太晚了。

一九三四年，周作人在極端悶的心情下，攜夫人羽太信子第三次赴日本東京，閑住了兩個月。他這次帶回的，依舊是對日本舊東京的溫馨詩意。

但周作人實在「頗昏」，那時中日關係已很緊張，日本人正磨刀霍霍，準備向自己的同胞砍來。「不知外事」的周作人正是由於對日本一貫的「美好」印象，最終害了自己。

六、魯迅之死

周作人從日本回來，就去拜訪劉半農的夫人——實際上，是去哀悼自己的老朋友去的。

周作人在東京的時候，就從朋友處知悉：劉半農已於七月十四日在西北調查方言途中，染急病去世。人生如此不可捉摸，周作人除了惘然若失而外，又有什麼話可說？

回到家裡，失去老友之痛仍纏繞心頭。他感覺，這種悲哀是淡泊而深沉的，很難用筆墨記錄下來。雖然有幾家刊物叫他寫紀念文章，但他謝絕了；九月十四日，北京大學舉行劉半農追悼會，周作人也只是送一副輓聯，敷衍了一下，上云：「十七年爾汝舊交，追憶還在卯字號；廿餘日馳驅大漠，歸來竟作丁令威。」

大會致詞時，周作人只講了兩點：「其一是半農的眞。他不假裝，肯說話，不投機，不怕罵，一方面卻是天眞爛漫，對什麼人都無惡意。其二是半農的雜學。他的專門是語言學，但他的興趣很廣博，文學美術他都喜歡，做詩，寫字，照相，搜書，講文法，談音樂。有人或者嫌他雜，我覺得這正是好處，方面廣，理解多，於處世和治學都有用，不過在思想統一的時代，自然有點不合適。」⑨周作人實在有太多的話要說，但在哀痛的心情下卻不知從何說起。

劉半農死後，雖然周作人仍然有許多老朋友，也不斷結識文化界的新朋友，但他感到像劉半農這樣的「認眞、眞率、眞誠甚至天眞」的朋友，卻越來越少了。他仍然是寂寞的，大概廢名的「苦雨翁吟」，最能道出他寂寞的人生意境：「豆棚瓜架雨如絲，一心貪看雨，一旦又記起了是一個過路人，走到這兒躲雨，到底天氣不好也。釣魚的他自不一樣，雨裡頭有生意做，自然是斜風細雨不須歸。我以爲惟有這個躲雨的人最沒有放過雨的美。」周作人想，還是這些老朋友最理解自己。

他又開始了與古人「結緣」。經常造訪苦雨齋的「故人」，是漢末王充，魏晉南北朝的陶淵明，明末清初的李贄和張岱。於是，周作人的書齋不再冷落，不同時代的故人來做座上賓，他們頷首對談，時有妙語連珠飛濺而出，於是當賓客散盡，周作人連忙把會心之處，連同他們的音容笑貌記錄下來，變成了一篇篇不乏新意奇語的文字。也許是辯論色彩濃厚，周作人自己也感到：「年紀大起來，覺得應該能夠寫出一點沖淡的文章來吧。如今反而寫得那麼劍拔弩張，自己固然不中意，又怕看官們也不喜歡，更是過意不去。」可是朋友郁達夫卻評價說：周作人近年的隨筆「一變而爲枯澀蒼老，爐火純青，歸入古雅遒勁的一途了。」

然而，愛發表議論的周作人又一次陷入了論爭中。起因是胡風等左翼青年，針對周作人關於藹理斯將「叛徒」與「隱士」統一於一身的觀點，指出逃避現實的「隱士」周作人，不可能成爲舊社會、舊禮教的「叛徒」，言外之意是他已失去了歷史的積極作用。周作人再一次站出來「斥妄」，不僅指出左翼運動是「狂信」的「新禮教」，而且更大聲地疾呼「新的啓蒙運動之必要」。但這一次周作人似乎是勢單力薄的，青年人的喧囂掩過了他的聲音。

又是魯迅，與他站在一條戰線。他不僅寫出許多犀利的雜文，批評左翼青年的狂熱和幼稚病，而且在私下對三弟周建人說：「有許多地方，革命青年也大可採用(周作人的意見)，有些人把他一筆抹煞，也是不應該的。」然而這時，魯迅已走向生命的盡頭了。

一九三六年十月十九日晨五時二十五分，中國現代文學的奠基人、著名思想家、文學家魯迅逝世於上海北四川路底施高塔路大陸新村九號寓所。

消息傳到北平，周作人有何反映呢？據說，他於次日在北大上六朝散文課，課程原來每次為兩小時，可是上了一小時之後，周作人面露悲痛之色，對學生說：「家兄魯迅去世了，下一節課暫時告缺了。」然後夾起皮包，沉重地走出了教室。

可奇怪的是，當《大晚報》記者採訪周作人時，他卻發表了如下談話：

關於家兄最近在上海的情形，我是不大清楚的。因為我們平常沒有事是很少通信的。雖然他在上海患著肺病，可是前些天，他曾來過一封信，說是現在已經好了，大家都放下心去，不料今天早晨接到舍弟建人的電報，才知道已經逝世。

說到他的思想方面，最初可以說是受了尼采的影響很深，就是樹立個人主義，希望超人的實現。可是最近又有點轉到虛無主義上去了。因此，他對一切事，彷彿都很悲觀，比如我們看到他的《阿Q正傳》，裡面對於各種人物的描寫，固是深刻極了，可是他對於中國人的前途，卻看得一點希望都沒有，實在說起來，他在觀察事物上，是非常透徹的，所以描寫起來，也就格外深刻。

在文學方面，他對於舊的東西，很用過一番工夫……有人批評他說：他的長處是在整理這一方面，我以爲這話是不錯的。

他的個性不但很強，而且多疑，旁人說一句話，他總要想一想這話對於他是不是有不利的地方，……

周作人不僅將魯迅的思想描繪得一派消沉，而且出言冷靜，看不出多少兄弟之情，令許多熱愛魯迅的人感到失望。但假如他知道，魯迅在去世前接受記者採訪時，還把周作人列爲中國最優秀的雜文作家第一名，並且病危中還在讀他的著作，周作人又會作何感想呢？

周作人送別了魯迅，又一次人生大轉折即將到來。

【註釋】

①周建人：《魯迅與周作人》。
②許壽裳：《亡友魯迅印象記》。
③章廷謙：《憶魯迅》。

④周作人：《生活之藝術》。
⑤周作人：《答張岱年先生書》。
⑥周作人：《知堂回想錄‧一四六‧女師大與東吉祥（二）》。
⑦周作人：《若子的死》。
⑧周建人：《魯迅與周作人》。
⑨周作人：《知堂回想錄‧一六二‧北大感舊錄（八）》。

第五章 「懺悔吧，周作人！」

一、走向深淵

抗日戰爭的帷幕拉開，中華民國面臨的一個最嚴峻的問題，就是民族存亡問題一九三七年七月七日，發生了震驚中外的「蘆溝橋事件」；七月二十九日，北平陷落，中國人民被迫進行全面的抵抗。

戰爭劇烈改變著社會，一切均因失衡而暫時處於無序狀態。文化教育界也是如此，學校關門，書店停業，雜誌停刊，過去集中在都市裡的教授、作家、藝術家開始向各個方面疏散，奔向抗戰情緒高昂的群衆團體，奔向抗戰的後方或鄉村。

北平淪陷前後，學術文化界人士由津浦及平漢兩路南下，如胡適、葉公超、朱自清、梁實秋、朱光潛、沈從文等；東南沿海一帶的教授、作家由南京繞道津浦、隴海西行，如巴金、錢鍾書、夏衍等；東北一批文藝家如蕭軍、蕭紅也分別從平津、河南等地向內地遷移。政治中心轉移到武漢、重慶後，這裡很快成爲中國的文化中心。此時，面對強大的侵略者，文化界人士不約而同地拋開分歧，摒棄成見，要把一切都獻給這場偉大的戰爭。

一九三七年抗日戰爭的爆發，不僅是對民族的考驗，而且也是對個人正義感與愛國心的檢閱。然而令人揣猜的是，在南下的隊伍中始終未見周作人的身影，他究竟在哪裡呢？

許多人士都在爲得不到他的消息而憂心忡忡。郭沫若發表的《國難聲中懷知堂》，恐怕最能反映當時人們的心情：

近年來能夠在文化界樹一風格，撐得起來，對於國際友人可以分庭抗禮，替我們民族爭得幾分人格的人，並沒有好幾人。而我們知堂是這沒有好幾人中的特出一頭地者，雖然年輕一代的人不見得盡能了解。

「如可贖身，人百其身」，知堂如眞的可以飛到南邊來，比如就像我這樣的人，爲了掉換他，就死上幾千百個都是不算一回事的。

日本人信仰知堂的比較多，假使得到他飛回南邊來，我想，再用不著要他發表什麼言論，那行爲對於橫暴的日本軍部，對於失掉人性的自由而舉國爲軍備狂奔的日本人，怕已就是無上的鎮靜劑吧。

周作人有沒有聽到朋友們急切的呼喚？顯然是聽到了。但他仍沉默著，猶豫著，舉棋不定。直到十一月一日，《宇宙風》以「知堂在北京」的大字標題，刊登周作人給編輯陶亢德的信。人們才知道他對去留的眞實心態：「旬日不通訊，時事已大變矣。舍間人多，又實無地可避，故只苦住，幸得無事，可以告慰。此後如何辦法尙未能定，回南留北皆有困難，只好且看將來情形再說耳。」言下之意似乎是不能走而不走，又云：「有同事將南行，曾囑其向王教長、蔣校長代爲同人致一言，請勿視留北諸人爲李陵，卻當作蘇武看爲宜。此意亦可以奉告別位關心我們的人，至於有人如何懷疑或誤解，殊不能知，亦無從一一解釋也。」①

周作人不願走，卻又把自己比作是愛國的「牧羊倌」蘇武，話雖說得冠冕堂皇，但多少給人以不信任感。許多人對此表示懷疑，他那深明大義的母親魯老太太也看出來了，她多次對人說：「我眞爲老二擔心，現在報紙上登載教育界開會的消息，很少有他的名字，恐怕他對抗戰的態度不堅決。」②知兒莫若母，魯老太太說這話時，心情是很沉重的。

周作人終於留了下來。此時，北京大學已遷往湖南長沙，後來又南遷至雲南昆明，與清華大學組成聯合大學。十一月二十九日，北大留守教授孟心史、馬幼漁、馮漢叔和周作人在孟家聚會，實際上是商討如何在日本統治下的北京生存、立足問題。據周作人說，學校已承認他們四人爲「留平教授」，每月寄生活津貼費五十元；年底他還接到蔣夢麟校長發給他的電報，委託他們保管北大校產云云。③

但周作人太天眞了。他以爲自己留在北平，可以繼續過著「閉門讀書」的悠閑生活，而實際上，像他這樣的在中國乃至在國際上都有聲望的學者、作家，早已是日本特務們物色的對象。

在日本人看來，無論從哪方面，周作人正是他們想要獵取的最佳人選，他的家庭與日本有著千絲萬縷的聯繫，他又自認爲日本是他的「第二故鄉」，這些情況早已被他的「日本朋友」了解得一清二楚。更爲重要的是，周作人家裡的事情，從來都是由夫人羽太信子當家作主，「枕邊風」就能左右周作人。總之，周作人做「蘇武」的夢想沒能持續多久，他就又換了一種打算。

一九三八年二月九日，周作人一輩子也不會忘記的日子，他首次出席了大阪每日新聞社出面召開的「更生中國文化建設座談會」。出席座談的，除有僞華北臨時政府議政委員長兼教育總督湯爾和外，還有日本部陸軍特務部的代表。這次會議上，周作人雖沒有發言，但與日本軍方一起列席，已經表明了他的態度。四月底，上海出版的《文摘．戰時旬刊》十九期，全文譯載大阪《每日新聞》所發的消息，並轉發了照片，照片上周作人長袍馬掛，躋身於戎裝的日本特務頭子與華服、西裝的漢奸文人中間。

「周作人做了漢奸」的消息，不止是一個重磅炸彈，把文化界乃至整個中國驚得目瞪口呆。全國輿論一片嘩然，紛紛聲討周作人甘做漢奸的不齒行爲。五月十四日，《抗戰文藝》一卷四號公開發表茅盾、郁達夫、老舍、馮乃超、王平陵、胡風、胡秋原、張天翼、丁玲等十八人《給周作人的一封公開信》，指出：「先生此舉，實係背叛民族，屈膝事仇之恨事，凡我文藝界同人無一人不爲先生惜，亦無一人不以此爲恥。先生在中國文藝界曾有相當的建樹，身爲國立大學教授，復備受國家社會之優遇尊崇，而甘冒此天下之大不韙，貽文化界以叛國媚敵之羞，我們雖欲格外愛護，其如大義之所在，終不能因愛護而即昧卻天良。」詩人艾青更以詩人的激情寫下了《懺悔吧，周作人》，喊出了「中國的青年，要向你射擊！」的聲音。

周作人何以能墮落成爲民族罪人呢？當時以至今天，許多人都會這樣的發問。當然我們不能簡單說，周作人是個毫無愛國心的人，這也是不客觀的。事實上，「九・一八」事變後，他對政府的不抵抗主義還著文批評；他對日本也有「卑劣得叫人惡心」的評論，他說：「日本民族所喜歡的是明靜直，那麼他們對中國的行動都黑暗污穢歪曲，總之所表示出來的全是反面。日本人盡有他的好處，對於中國卻總拿不出什麼出來，所有只是惡意，而且又是出乎情理的離奇。」④

那麼究竟是什麼促使他走向深淵呢？

首先，還是魯迅說的「昏」和「不知外事」的個性。周作人在學術上常有眞知灼見，但對待現實卻是目光短淺，缺少遠見。他不相信中國的力量，一直認爲日本的武器士氣遠遠超過中國，因此中日戰爭是打不起來的，即或打起來，中國也不是日本的對手，必定以失敗而告終。據鄭振鐸回憶：「我在『七·七』以前，離開北平的時候，曾經和他談過一次話，這時抗戰救國的空氣十分的濃厚。我勸他，有必要的時候，應該離開北平。他不以爲然，他說，和日本作戰是不可能的。人家有海軍，沒有打，人家已經登岸上來了。我們的門戶是洞開的，如何能夠抵抗人家？他持的是『必敗論』。我說：不是我們去侵略日本，如果他們一步步的迫進來，難道我們一點也不加抵抗麼？他沒有響，後來我們便談他的事了。」⑤他的悲觀主義思想，是根深蒂固的。

其次，害怕艱苦，捨不得放棄北平的優越生活條件。據說，「七·七」事變後，周作人看到朋友們扶老攜幼紛紛離開北平，內心也一度猶豫過。可是和羽太信子等人一談，立即遭到反對，她們都不贊成離開八道灣，認爲北平有衆多的「日本朋友」，即或日軍打進來，也不會難爲周作人和他的家屬的，「平安無事，一動不如一靜」，這是他反覆權衡後作的選擇。

周作人沒有離開北平，於是日本特務就指使漢奸，特別是文化界的漢奸拉攏、勸誘他。加上羽太信子一家的慫恿，多渠道地做工作，周作人的思想就逐步鬆動了。於是，他便以獨特的方式醞釀「出山」了。

周作人的變節，使他成爲可恥、可恨的中華民族的罪人。他的歷史「光環」，從此留下了抹不去的陰影。

二、與敵為伍

北宋初年有個大官，姓呂名端，字易直。他做過平章事(宰相職)，不算有名，可是關於他，宋太宗有個有趣的評語，說他是「小事糊塗，大事不糊塗。」苦雨齋老人周作人，是五四以來的著名人物，又是北大名教授，從一九一七年到校，至一九三七年南遷整整二十年，可謂與學校共存亡。但事變以後，他卻投身事敵，墜入深淵，令許多景仰他的人失望。人們惋惜他不能學習呂端，而是與呂端相反：小事不糊塗，大事糊塗。

平心而論，這時的周作人，在「隱居」與「出山」之間還沒有作出最後抉擇。內心的節操觀念，輿論的強大壓力，都迫使他對形勢作進一步的觀望。他痛苦、猶豫，苦茶也失去了往日的清香。直到一九三九年元旦突發的槍殺事件，才使他眞正作出選擇——他終於「下水」，投靠日本了。

周作人在《知堂回想錄・元旦的刺客》詳盡地回憶了事件的全過程——

元旦上午，大約九點鐘左右，周作人正和燕大的學生沈啓無在客廳聊天，外邊報說有客人來訪。周作人即起身走向客廳門口迎接。只見有兩個陌生人走進來，一前一後，其中一個留在了後面，另一個直向前走，當走到距周作人不遠處時，周自我介紹說自己是周作人。那人突然掏出手槍向周射擊，但周未被打傷。這時坐在一旁的沈啓無下意識地從座位上站了起來，那人就又向沈啓無開了一槍，沈當即被擊中肩頭而倒地，來人馬上走掉了。

據周作人說，刺客用的是一種很小的手槍。周作人事後在客廳的地上發現了一枚很小的子彈，仔細檢查，子彈上還帶有毛衣上的毛線絲，說明刺客向周作人射擊，雖然命中，卻可能被毛衣衣扣之類的東西擋了一下，便彈到地上去了。另外，沈啓無肩頭所中一彈，已嵌入肩頭軟組織，但因子彈很小，似乎也沒有造成多大損傷，可見刺客所持武器的殺傷力是很有限的。

這時候，外面卻熱鬧起來了。原來僕從徐田以前當過偵緝隊的差使，懂得一點擒拿格鬥術，他躲在門背後，等刺客出來時跟在後面，一把將他攔腰抱住，一面叫人幫他拿下凶手的武器。「其時因爲是陽曆新年，門房裡的人很多，近地的車夫也來閑談，大家正在忙亂不知所措。不料刺客有一個助手，看他好久不出來，知道事情不妙，便進來協助，開槍數響，那人遂得逃脫，而幫忙的車夫卻有數人受傷，張三傷重即死，小方肩背爲槍彈平面所穿過。」

到底誰是刺客？又爲什麼要行刺周作人，卻又不想置他於死地？至今還是一個謎。但周作人後來在受審判時，一口咬定是日本人所爲，他說這事有幾點可疑：其一，那時他在燕京大學教書，還沒有投僞，國民黨政府未必要處決他；其二，事發後，日本人多次調查這件事，但沒有結果，其實是應該查得出來的；其三，當時，他每週按時出城上課，坐洋車多經荒僻之地，要下手正好下手，日本人爲了避免嫌疑，所以才到苦雨齋去刺他。這當然是周作人自己的猜測，而且他的本意是說日本人曾迫害他，多少有爲自己推脫罪行的意思，並不能當眞。

不管怎樣，槍殺事件後，周作人再也不敢出門。警察局第二天就派三名便衣住在他家裡，既是保護，又是監視。周作人出門的自由被剝奪了，不能再去燕大上課，便心安理得地做起了「寓公」。

然而，周作人自由主義知識分子的理想很快就被粉碎了。在羽太信子和日本朋友的勸說、慫恿下，一九三九年一月十二日，周作人照例在推辭一番之後，終於接受了僞華北教育總署督辦湯爾和送來的北大圖書館館長的聘書，後來又改爲北文文學院院長之職。自此，周作人徹底「下水」，以後就「順流而下」了。

周作人上了「賊船」，但擔任的畢竟是掛名的閑職。日方也寧願讓周作人這麼閑著，他們不過是要「周作人」這個名字罷了。值得玩味的，倒是一向標榜清高獨立的周作人，卻在不知不覺中心態發生了變化：他已經從一位學者文人，完全蛻化爲虛榮、奢華的世俗「官僚」了。

周作人的應酬，出賣名字，自然都是有償的：周家不僅結束了靠借貸過日子的窘況，而且開始大興土木，從一九三九年七月三日（就任僞北京大學文學院籌備員職三個多月以後）起翻修左右偏門，鑿井，改造廁所，裱糊內屋，修造上房等等。生活也日益闊綽，設宴招飲漸成常事，並且購置起狐皮衣裘來，類似的記載過去在周作人日記中絕少見有，這一時期卻日趨頻繁，這自然是反映了周作人物質的以及精神的生活的某些微妙變化的，周作人也就愈加離不開偵緝隊的保護，以至一九三九年十一月，槍擊事件後派來的三人調離周家時，周作人竟然依依不捨：「計住此已有十月餘，於其去也，彼此各有惘然之色，贈以五十四元，信子予三十元。」由當初的疑懼到此刻的依戀，周作人感情的變化可謂不小。⑥

周作人越來越離不開奴僕簇擁、宴席不斷的生活。不僅如此，他的內心也已發生了根本性的變化，人們注意到：周作人在政治運作方面的才能，竟然完全不遜色於他的文學造詣。一九四〇年十二月十九日，是周作人政治仕途中最輝煌的日子，他終於在各種政治勢力的角逐、爭鬥中贏得了自己的政治地位——在汪僞中央政治委員會三十一次會議上，正式通過了「特派周作人爲華北政務委員會委員，並指定爲常務委員兼教育總署督辦」一案。⑦一九四一年元旦，周作人接到由汪精衛簽署的僞南京政府委任狀。這時候的周作人，已經完全墮落爲「漢奸文人」了。

周作人把自己的靈魂賣給了魔鬼。他再不是甘於淡泊的苦雨齋老人，而是搖身一變成了官樣十足的頭面人物。他甚至已耐不住寂寞，經常風塵僕僕地到處視察，指導「各地治安強化運動」的進展。他每到一處，都先去拜見當地日本憲兵隊及特務機關，然後慰問陸軍醫院傷病「勇士」，檢閱地方保甲自衛團，視察工礦企業機關學校，發表各種訓示。他甚至圓了年輕時的軍人夢（他曾在江南水師學堂就學，算是預備軍人），在日本侵略軍的麾下，穿上軍裝，露出一副十足的傀儡相。

也有醒著的時候。周作人在政治的泥潭中陷得愈深，他的人生危機感就愈強烈。在日記中，他一再表露出內心的恐懼感：「從前美國的沉醉詩人愛倫坡（Allen Poe）平生懷著一種恐懼，生怕被活埋，我也相似的有怕被人吃了的恐懼，因此對於反禮教的文人很致敬禮。」周作人的心態是眞實的，不過，這時候想「吃」他的人，恐怕不只是那些反禮教的人，而是整個中華民族了。李霽野在《有關周作人的幾件事》一文中還回憶道：他有一次去拜訪周作人，想請他到輔仁大學中文系任教，被已做了官的周作人拒絕了。在閑談中，周作人忽然說道：「聽說上海知識界有一種高論，寧可做美國人的漢奸，也不做日本人的漢奸，似乎漢奸也分等級了。」他的話雖然含蓄，卻可見他並不認爲做漢奸是一件美事，尤其是做日本人的漢奸。

然而，應了中國的一句俗語——潑水難收。周作人與最黑暗的政治沆瀣一氣，他的命運就由不得自己了。

三、南下尋夢

周作人既然選擇了「下水」，他的政治前途、言行規範乃至生活方式，就必然操縱在別人的手裡。當他越來越精於謀官之道，他也就離「青燈一盞，清茶一杯」的文人生活愈來愈遠。人們注意到，背離了知識分子傳統，背叛了在學術、隨筆中標榜的社會、人生理想的周作人，是那樣顯得醜態百出。

一九四三年，周作人流年不順。二月，華北政務委員會改組，周作人被排擠出政委會，同時被罷去教育督辦一職。周作人老羞成怒，數天後在日記中賦詩抒懷：

當日披裘理釣絲，

浮名贏得故人知，

忽然悟徹無生忍，
垂老街頭作餅師。

詩中頗有對自己解嘲、調侃之意，似乎又有重歸「苦雨齋」隱逸的意思。可是沒多久，他又通過暗中活動，並在汪精衛、陳公博的干預下，被選舉爲僞國府委員，周作人興奮至極，在當天的日記中記下：「得汪主席電，爲任國府委員事。」顯然，周作人對「隱居」的生活是過不下去了。

儘管如此，「罷官」一事在周作人的內心引起的震動是巨大的。雖然得了一個閑職，仍不足以安慰他落寞的情緒。汪精衛似乎也看出了這一點，於是邀請他南下，想親自開導、撫慰他一番，同時有心請他出任僞中央大學校長。這年四月，周作人接受了汪精衛的邀請，到江南一遊。

周作人到南京，自然先拜見有「知遇之恩」的汪主席，又應中央大學之邀，作了多場演講和座談。四月十日，他在長子周豐一、學生沈啓無等人的陪同下，遊覽了蘇州。當時的情形，蘇州本地記者留下了這樣一個「特寫」——

知堂給我的第一個印象是：他不如發表《五十自壽詩》時刊物上登的相片上那麼豐潤，滿面紅光，這幾年工夫變得瘦削了，一臉晦氣，近視鏡後面的目光帶點冷峻，他的身後跟隨著沈啓無、王古魯，還有他的獨子三十剛出頭的豐一君。想是聽出我一口鄉音，知堂又像頭天在木瀆村吟「多謝石家豆腐羹，得嚐南味慰離情。吾鄉亦有姒家菜，禹廟開時歸未成。」時引起了淡淡鄉愁吧，喝著茶，對我微露親切，問我：「足下府居紹興哪裡，近來到過故鄉嗎？」我回答他一串話：「我是安昌鄉下人，離縣城四十里，城內的情形不清楚，回鄉呢，……因爲重慶派有地下縣長，南京也派有縣長，還有一支叫五三支隊的遊擊隊長，都坐在船裡，三方面此來彼去，彼去此來，各向地方上開口要糧、伸手要錢，鎮長鄉長只好見神燒香，所以老百姓日子難過。」

知堂聽著連連喟嘆，這時旁邊有兩條汪記國民黨的黨棍子，雙雙湊上來插嘴：「周督辦如果想到紹興城裡去看看尊府，我們可以負責護送。」知堂連忙說：「鄙人早已舉家北遷，無家可歸，不勞不勞！」⑧

周作人這次南遊蘇州，還去馬醫科巷瞻仰了俞曲園的故居春在堂，又去錦帆路，到他和魯迅的文字學老師章太炎舊居拜謁，在墓園徘徊良久。此時的周作人，面對自己的先師能想些什麼呢？

周作人返回北平後，仍然沉浸在山溫水軟的「故國之思」中。或許是對日本軍國主義提出的「日本大和文化中心論」確有反感，或許是想爲自己的將來留一條後路，總之，一段時間內，周作人一反常態，積極宣揚起他的「儒家文化中心論」的主張。

他在《中國的思想問題》一文的開頭就寫道：「中國的思想問題，這是一個重大的問題，但是重大，卻並不嚴重。本人平常對於一切事不輕易樂觀，唯獨對於中國的思想問題頗爲樂觀，覺得在這裡前途是很有希望的。中國近來思想界的確有點混亂，但這只是表面一時的現象，若是往遠處深處看去，中國人的思想本來是健全的，有這樣的根本基礎在那裡，只要好好的培養下去，必能發生滋長，從這健全的思想上造成健全的國民出來。這個固有的思想是什麼呢？有人以爲中國向來缺少中心思想，苦心的想給他新定一個出來，這事很難，當然不能成功，據我想也是可不必的，因爲中國的中心思想本來存在，差不多幾千年來沒有什麼改變。簡單的一句話說，這就是儒家思想。」

周作人的「儒家文化中心論」抛出不久，立即就引起了日本軍部情報局的注意。在他們看來，周作人的論調是對日本所奉行的東亞統治思想策略的挑戰，於是在日本軍方的授意下，日本作家岡片鐵兵在東京召開的第二屆東亞文學者代表大會上，作了題爲《中國文學之確立》的發言，指出「有一特殊之文學敵人之存在，不得不有對之展開鬥爭之提議」，他還指明這個敵人「即目前正在和平地區內蠢動之反動的文壇老作家，以有力的文學家資格站立於中國文壇。」岡片鐵兵所指的「反動老作家」、「殘餘敵人」，經胡蘭成點明，正是指周作人。

周作人開始反擊了。在這場與日本文人的較量中，再次顯示了他的謀略。他以公開發表《一封信》的形式，以退爲進，以「潔身引退」相威脅，矛頭直指岡片鐵兵等發難者。日本軍方還不捨得拋棄周作人，也深知他的特殊作用，於是他們在幕後開始干預，最後，這場論戰便以岡片鐵兵「對自己的偏激之辭深表歉意」而告終。周作人大獲全勝，這一次，連日本人也領教了這位「紹興師爺」的厲害。

周作人對他的「抗日戰爭」有何感想呢？他一定會對自己的「勝利」沾沾自喜吧！這是不是阿**Q**式的精神勝利法？

周作人還沒有揮去「論戰」的硝煙，他的八十七歲的老母魯瑞卻撒手人寰。在去世前，老太太還在爲「性格和順」而「頗昏」的老二擔心，周作人又是怎樣表現他的「喪母之痛」呢？

據周作人《知堂回想錄・先母事略》引一九四三年四月日記：「四月二十二日，晴。上午六時同信子往看母親，情形不佳，十一時回家，下午二時又往看母親，漸近彌留，至五時半遂永眠矣。十八日見面時，重覆云，這回永別了。不圖竟至於此，哀哉。唯今日病狀安謐，神識清明，安靜入滅，差可慰耳。九時回家。」

在老母「情況不佳」的情況下，周作人夫婦仍於十一時回家，到下午二時再去看母親，絲毫不改變自己平時的生活規律，態度如此從容、鎮定，這是一般人難以做到的。再有老母多次重覆說：「這回永別了！」周作人對老母這幾句飽含辛酸的話語，卻顯得冷靜，反而用「病狀安謐，神識清明，安靜入滅」來安慰自己。周作人與老母訣別如此淡漠，這也是一般人難以做到的。

另有一事不能不記。魯老太太逝世前，有一件事情始終不能放下，就是魯迅的元配夫人朱安沒有生活來源。在臨終的時候，她再三叮囑周作人，以前每月給自己的一五〇元，她要留給終身服侍她的兒媳，希望他繼續給朱安。但後來物價飛漲，一五〇元根本維持不了朱安和保姆的生計，無奈之下，她準備出售魯迅的藏書，以此度日。但周作人自己花天酒地，卻對寡嫂的死活不聞不問，他不僅同意她這樣做，還指定某些書是他要的，要按舊書店估定的價格買下。朱安夫人含著眼淚說：「我知道，大先生（魯迅）生前沒有要過老二一分錢，可我又得聽婆婆的話，每次拿這一五〇元，我眼淚往肚裡咽！」最後，還是魯迅上海的朋友籌款，安頓了他遺屬的生活。⑨

這又暴露了周作人「冷」的一面，令人感慨繫之！

不過，周作人自己的「生命輝煌」也快要終結了。等待他的，將是漫漫長夜……

四、老虎橋邊

一九四五年八月十日，全國各大報紙都用大號字排印著一條通欄標題，並發布消息：

日本接受無條件投降

舊金山八月十日廣播：日本政府本日四時接受四國公告，無條件投降，其唯一要求是保留天皇，今日吾人已獲勝利，已獲和平。

歷時八年的艱苦抗戰終於宣告勝利結束！消息傳出，舉國歡騰，天空到處瀰漫著爆竹和硝煙，歡慶的人們涕淚交流，張口大笑。人們沉浸在後人無法描述的喜悅之中。

奇怪的是，這條消息至八月十五日在周作人日記中才有記載。是不相信抗戰會以中國人勝利而結束？是還要證實強大的日本眞的就這樣認輸、失敗？抑或是不願意承認這個事實？周作人在綜研所聽到確鑿消息後，心中竟湧起了一陣無名的悲哀。回家時，天下著雨，但他木然地走在雨中，失神落魄地走著……

在難捱的等待中，他輾轉反側，試圖用文字爲自己洗刷歷史污跡，給後人留下一個純粹學者的模樣。八道灣不平靜了，苦雨齋經常會發出沉悶的嘆息，周作人知道，等待他的將會是歷史的審判。

十二月六日晚，軍警包圍了八道灣十一號。當槍口對準周作人要求他就範時，他站起來，嘴裡囁嚅著說：「我是讀書人，用不著這樣子。」周作人被帶走了，後面傳來羽太信子和家人的哭泣聲。

他被帶到北京有名的炮局胡同的監獄裡，關了將近半年。「在北京的炮局是歸中統的特務管理的，諸事要嚴格一點，各人編一個號碼，晚上要分房按號點名，年過六十的會予優待，聚居東西大監，特許用火爐取暖，但煤須自己購備，吃飯六人一桌，本來有菜兩鉢，亦特予倍給。」⑩即使如此，一向養尊處優的周作人也感到相當不快，更何況當時他還有精神上的巨大包袱呢？

第二年五月，周作人等十四人又因是特殊罪犯，被押解到南京受審。上車前有記者問感想，周作人冷淡地說：「我始終等待被捕，無感想。」半個月後，南京高等法院檢察官即對周作人提出起訴，罪名有：「其任僞職期間，聘用日人爲教授，遵照其政府侵略計劃實施奴化教育，推行僞令，編修僞教科書，作利敵之文化政策，成立青少年團，以學生爲組織訓練對象，泯滅青年擁護中央抗戰國策，啓發其親日思想，造成敵僞基要幹部。又如協助敵人調查研究華北資源，便利其開掘礦產，搜集物資，以供其軍需。他如促進溝通中日文化及發行有利敵僞宣傳報紙，前者爲借文字宣傳達其與敵僞親善之目的，遂行近衛三原則之計劃，後者希圖淆惑人心，沮喪士氣，削弱同盟國家作戰力量。」等等。

周作人是怎樣答辯的呢？他先是對「失節」一事作自我辯解，聲稱自己出山是爲了「維持教育，抵抗奴化。」當法庭庭長怒斥其「身爲人師，豈可失節」時，周作人似乎很委屈，說：「頭二等的教育家都走了，像我這樣三四等的人，不出來勉爲其難，不致讓五六等的壞人，愈弄愈糟。」又稱一九三七年秋，自己之所以留平不去，實因年邁，又奉北大校長蔣夢麟之囑爲「留平四教授」之一，負責看護北大。可是，當法庭進一步質問他，爲何出任華北政務委員會常委兼教育總署督辦以及東亞文化協會會長，華北綜合研究所副理事長，僞新民會委員，僞華北新報社理事等職務時，周作人頗感尷尬，只得東拉西扯，期期艾艾了。

在宣判之前，著名作家、記者黃裳曾到老虎橋監獄探訪周作人，他在報導《老虎橋邊看「知堂」》中寫道：

> 在重慶滯留了頗久，周作人兩次公審都未能旁聽。到南京後，心想何不就去看看周作人呢？於是就又穿過了幾灣臭水坑，遠遠有一座紅牆的大院落，走過去看，很多人在那裡等候探監。
>
> ……一會，我在窗外看見一位獄吏帶了一個老頭兒來了。這是我第一次看見周作

人，不過在印象中，是早已有了一個影子了的，現在看著「正身」，大抵差不多，他穿了府綢短衫褲，淺藍襪子，青布鞋。光頭，瘦削，右面龐上有老人常有的斑痕，寸許的短髭灰白間雜，金絲眼鏡。（這是他在一篇文章中提到過的「唯一」的一副金器，三十年前的老樣子。）

與想像中不同的是，沒有了那一臉岸然的道貌，卻添上了滿面的小心，頗有「審頭刺湯」中湯裱褙的那種脅肩堆笑的樣兒。

……後來他提到最近沒有再審的消息，大約是在收集證據的罷？有一位律師願意爲他辯護。他自己寫過一篇自白書，兩篇「答辯狀」，所說的話大約都在那裡了。我即發問，一向是佩服倪元璐絕口不言，一說便俗的他，何以在這次法庭上又說了那麼許多不免於「俗」的話？這很使他有些囁嚅了。最後他說，有許多事，在個人方面的確是不說的好，愈聲明而愈糟，不過這次是國家的大法，情形便又微有不同，作爲一個國民，他不能不答辯云云。他重覆聲說，現在想說的只是一點，起訴書中說他「通謀敵國」，而日本人也說他「反動」，是「大東亞思想之敵」，事實上絕對沒有在兩方面都是「敵」的人，除了這點以外，其餘的都可不說。他又說文人報國的方法，也只有寫寫文章，不誤人便好。他又說其實也可以上前線去一刀一槍的，本來是海軍出身，還是武人哩。

……時間拖得太長也不大好，只好請他回去休息了。我就又向所長說希望看一下他們的獄中生活，就又由一位獄吏陪了我走進了「忠」字監。這是一個小院子，裡邊是孤零零的一所紅磚房，其中是一間間的小房間，從門口上面的一小塊鐵絲網窗中可以望進去，房子極小，可是橫躺豎臥的有五個人，汪時璟，劉玉書，唐仰杜這些老奸都赤了膊席地而臥，有的在一疊餅乾匣上面寫信。梅思平在裡面的角落裡看書，殷汝耕在看聊齋，王蔭泰藏在牆角看不見，走到第四間，「知堂」剛剛回來，在裡面一角裡的席地上，脱下了他的小褂小心地掛在牆上，赤了膊赤了腳在席上爬，躺下去了。旁邊放著一個花露水瓶子。

我又想起了剛剛的那首詩，好一個「東坡風貌不尋常」，不過這兒我沒有嘲諷的意思，那情景，眞已是夠淒慘的了。

這種對周作人身陷囹圄的處境抱憐憫、同情的態度，是當時許多學生、知識分子，尤其是文化界的共同心態。他們總想能保全他，甚至鄭振鐸和文化界的朋友還談起，是否可以找到特別的途徑，雖囚禁著周作人，但使他有事可做，例如從事希臘文學翻譯什麼的。眞是：「哀其不幸，怒其不爭」（魯迅語）啊！

五、獄中詩人

一九四七年十二月十九日，周作人接受終審判決：「處有期徒刑十年，褫奪公民權十年。」已在獄中關押了兩年半的周作人，此時已沒有太多的話要說了。

他已適應了另一種生存狀態。「在忠舍大約住有一年的樣子，起居雖然擠得很，卻還能做一點工作。我把一個餅乾洋鐵罐做台，上面放一片板，當做一桌子，翻譯了一部英國勞斯所著的《希臘神與英雄與人》。」他還對人說：「自己好比到金陵來做客，住在小客棧裡，倒也清淨無憂。」⑪看來周作人在心理調節方面，是有一套特殊工夫的。

但監獄畢竟不同於苦雨齋，這時周作人最不堪忍受的，是沒有書可讀。後來幸而得到龍順宜姐弟的幫助，才讀了段玉裁注《說文解字》、王綠友的《說文釋例》、《說文句讀》，還有其他中外書籍。周作人只要能讀到書，是什麼都可以忘記的，而且詩性大發，竟然寫起獄中詩來，記錄自己囚居中的情懷。詩體以七言絕句和五言古詩爲主，計有《忠舍雜詩》二十首，《往昔》五續三首，《丙戌歲暮雜詩》十一首等。他甚至用詩表達了當時的心境：

> 寒暑多作詩，有似發寒熱。間歇現緊張，一冷復一熱。轉眼寒冬來，已過大寒節。這回卻不算，無言對霜雪。中心有蘊藏，何能托筆舌！舊稿徒千言，一字不曾說。時

日既唐捐，紙墨亦可惜。據榻讀爾雅，寄心在蠓蟣。

周作人在忠舍住了一年之久，隨後搬過兩次。被隔離在陰森的囚室裡，由於缺乏營養，他的臉色顯得蒼白，雙頰微陷，眉宇間似若平靜，卻又似有欲訴難言之隱。要不是龍氏姐弟不斷地給他送去小菜和糕點，尤其是多少次地送書、送紙，周作人的滿腔愁緒不知以何寄托？他又何以捱過這漫長的十年囚籠生活？

一九四九年一月過後，蔣介石宣告退隱，李宗仁接任國民政府代總統。南京危在旦夕，政府宣布，戰爭危險地區要疏散監獄，有期徒刑犯人可以擔保出獄。周作人在這種情況下，於一九四九年一月二十六日被保釋出來。當天，周作人口占七絕一首題爲《擬題壁》，當然沒有眞寫在牆上，詩云：

一千一百五十日，且作浮暑學閉關。
今日出門橋上望，菰蒲零落滿溪間。

他給這首詩補注：「橋者老虎橋，溪者溪口，菰者蔣也。」可見他對當時的世道是有自己的想法的。

走出老虎橋，周作人眞有恍若隔世之感。他先在近地友人馬驥良家住了一夜，當晚一人獨睡在寬大的床上，夢竟是如此香甜！第二天，尤炳圻父子趕來，陪同他一起乘火車去上海，借住在橫濱橋東首南岸的尤家小樓上。從此，周作人開始了他所戲稱的一九八天的尤府「食客」生活。

當周作人站在閣樓上的亭子間，徹夜遙聞炮聲時，他想得最多的還是今後的出路問題。當時，經常來陪他聊天的有王古魯、方紀生等人，有人問他：「聽說胡適有意邀請你去台灣，擔保你能當上中央研究院院士，有這回事嗎？」周作人搖搖頭，表示他當然不會去的。他只想活著回北平。⑫

經過一番周折，到八月上旬，周作人笑呵呵地告訴朋友：「北平有回音了，新政府允許我回家！」

一九四九年八月十四日，周作人在尤炳圻陪著從上海回到了北平，住進了八道灣十一號。一個新的時代已經開始。

【註釋】

①周作人：《知堂書信》，華夏出版社一九九五年出版。

②俞芳：《談談周作人》。

③周作人：《知堂回想錄·一五九·北大感舊錄（五）》。

④周作人：《知堂回想錄．一七五．日本管窺（續）》。
⑤鄭振鐸：《惜周作人》。
⑥錢理群：《周作人傳》，第四四二頁。
⑦張菊香：《周作人出任僞職的前前後後》。
⑧徐淦：《忘年交瑣記》。
⑨唐弢：《關於周作人》。
⑩、⑪周作人：《知堂回想錄．一八二．監獄生活》。
⑫徐淦：《忘年交瑣記》。

尾聲

周作人終於回家了，回到他熟悉的環境與氛圍中。他又可以像當年的「苦雨齋」一樣，坐擁在書卷中，悠閑自得地讀書、翻譯、寫作。

當然，今天的苦雨齋比以前要寒磣多了。當年，周氏兄弟合力買下的八道灣十一號住宅是很寬敞的，有好幾進、數十間房子，日本投降後部分房產被政府沒收了。現在，前院正中三大間住著部隊的一個排，每天清晨，他們在院子裡吹號、升旗。兒子、兒媳住三間廂房，周作人夫婦住第二進正屋，中間立著一個爐子，右側老倆口的臥室鋪著榻榻米，平時周作人就盤著雙腿在窗口的小几上爬格子，左側便是苦雨齋，靠兩壁全是書櫃，右邊是一張方桌、兩把椅子、一個茶几。第三進，除了留有魯迅的部分存書的書房，此外還住著周建人的大夫人即信子的妹妹芳子等。

周作人是有所謂「歷史問題」的，新政權將如何處理他？周作人一直感到忐忑不安。躊躇再三，他決定寫一封信。幾個月後，領導人看到署名「周作人」的信後，說話了：「文化漢奸嘛，又沒有殺人放火。現在懂古希臘文的人不多了，養起來，讓他做翻譯工作，以後出版。」大概這就是人民文學出版社每月支付二〇〇元（後來改為四〇〇元）的依據。①

此後，周作人在出版總署署長葉聖陶等人的敦促下，開始為人民文學出版社翻譯世界名著。他的翻譯，是從日本古典作品開始的。從八世紀初的《古事記》、十一世紀的女官清少納言的隨筆《枕草子》、十三世紀的《平家物語》、十四世紀的《日本狂言選》、十八世紀的《浮世澡堂》和《浮世理髮館》，以至本世紀的《石川啄木詩歌集》，時間跨度一千多年。每一部作品，他譯起來都揮灑自如，與原作十分吻合。最難能可貴的是，不論是哪個時代的作品，他都能從我國豐富的語匯中找到適當的字眼加以表達。這充分說明他中外文學造詣之深。

周作人對待翻譯是極投入的。他一般在清晨七時吃過早飯後，便開始了一天的工作；十一時許吃午飯，稍息片刻後，一時左右繼續工作；下午五時許吃晚飯，然後工作至晚上九時就寢。他每譯完一部作品，必在日記中寫些感想。譯畢《石川啄木詩歌集》，他寫道：「其實他（指石川啄木）的詩歌是我所頂喜歡的。日本的詩歌無論和歌、俳句，都是言不盡意，以有餘韻為貴；惟獨啄木的歌我們卻要知道他歌外附帶的情節，愈詳細的知道便愈有情味。所以講這些事情的書，在日本也很出了些，我也設法弄一部分到手，盡可能的給那些歌做注釋，可是印刷上規定要把小注排在書頁底下，實在是沒有辦法，那麼也只好大量的割愛了。」周作人還在日記和書信中屢次提及希臘作品《盧奇安對話集》，甚至在一九六五年四月二十六日最後決定的遺囑中，關於此稿還寫道：「余一生文字無足稱道，唯暮年所譯希臘對話是五十年來的心願，識者當自知之。」並在遺囑前云：「以前曾作遺囑數次，今日重作一通，殆是定本矣。」②可見老人是把翻譯視作生命來看待的。

到了晚年，周作人對兄長魯迅的感情也發生了微妙的變化，特別是《魯迅書簡》發表後，更眞切地感到知弟莫若兄了。據葉叔穗回憶：魯迅博物館建館初期，經常有些問題要向周作人請教，他總是每問必答，極爲認眞。「我們曾問過他魯迅在北京住過的地方，他不但口頭講述，還帶博物館的人實地查看，那時他已經是七十多歲的老人了，親自帶著這些人去紹興會館、磚塔胡同、舊教育部、廣和居等地方，還邊走邊介紹，爲博物館留下了一批活資料。」③他眞開始後悔與大哥失和一事了麼？

也許是有了日暮之感，也許他對自己的一生有太多的話要說，所以當曹聚仁約他寫回憶錄，他欣然應允了。於是，從一九六〇年十二月十日寫「緣起」開始，到一九六二年十一月三十日作「後記」，整整兩年時間，周作人始終沉湎在回想之中，終於寫成了《知堂回想錄》。這是一本難得的珍貴史料，在書中，周作人以一種出奇的冷靜態度敘述了自己的一生，也同時把一部生動的現代中國的社會、文化、教育史詳盡地再現了出來。

一九六二年四月八日，周作人的妻子羽太信子病故。他在給朋友的信中有這樣一段話：「內人臥病已有數年之久，三四月以來漸益加劇，終於四月八日去世，年已七十五，亦殊無所恨矣。火葬後已埋在私家墓地裡，目下雖然稍覺寂寞，唯老僧似的枯寂生活或於我也適宜，擬俟稍靜定後可以多做點翻譯工作也。」④在痛楚之時，他只希望以翻譯來解脫寂寞的靈魂！

在晚年，周作人對自己一度失足，歷任僞職，是有所悔恨的，他甚至一次次地向法院遞交「悔過書」，試圖以此向大衆謝罪。不妨引他的《花牌樓》詩三章最後四句，看他那被夢魘纏繞的心緒：

人生良大難，到處聞淒楚。
不遐哀前人，但爲後人懼！

周作人無法排遣胸中的塊壘，便只能寄情於筆端。他確實感到負疚於人民，想以自己的勞動來彌補歷史的過失，而另一方面，他又感到「刑餘之人」活著也沒有多大意思。他曾經以「周遐壽」的筆名寫過好幾本書，可是不久又丟開不用了，因爲他想到了古人「壽則多辱」的話。他在《知堂回想錄》中也說：「況且古人有言，『壽則多辱』，結果是多活一年便多有一年的恥辱，這有什麼值得說的呢。」總之從這些地方，我們不難看出他晚年沉重的心情。

一九六七年五月六日下午四時，苦難結束了。周作人走完了自己的一生，背後是又一場秋風秋雨。

周作人終於坐著寂寞的「烏篷船」，回到了自己永遠的故鄉……

【註釋】

①唐弢：《關於周作人》。
②文潔若：《晚年的周作人》。
③葉叔穗：《周作人二三事》。
④孫旭升：《我所知道的知堂》。

後記

三年前，當我寫完另一位現代文學作家豐子愷先生的傳記，我感到的是輕鬆和喜悅；今天，當我落筆寫下最後一個句號，心中湧起的卻是難言的沉重。

周作人，畢竟是特殊的歷史人物。千秋功罪，很難評說！

儘管二十世紀八〇年代以來，周作人一直是現代文學研究中的焦點人物，也因此湧現了許多有影響的傳記和論著，但我仍然隱隱感到：周作人這個形象，在人們無節制的詮釋乃至粉飾後，離眞實的周作人是愈來愈遠了。當今文學研究的惡濁風氣，不僅毀損了學術本身，而且正日益遮蔽著歷史眞實。我想，周作人這個歷史人物，可能也會在時下「戲說」性的所謂研究中，被篡改歪曲或塗脂抹粉——正如他曾經一度在千夫所指中被唾沫淹沒過一樣。總之，「罵殺」或「捧殺」（魯迅語），都難見周作人的「廬山眞面目」！

好在有歷史站出來說話，好在有他自己的著作說話，當然還有周作人同時代的許多親友、學生的畫像和回憶，也包括各種極具價值的研究性資料可作參考。實際上，這本傳記的寫作過程，就是沿著各種史實材料堆砌的駁岸，聽著與他交往過的人們的談論，並循著他文心詩心的濤聲櫓聲，試圖追尋那隻「烏篷船」的一路旅程……

或許他還坐在船上，喝著苦茶？

周作人，一個說不盡的人，一個說不盡的故事。